후회 없이 사랑했던
카렌 블릭센을 만나다

후회 없이 사랑했던,
카렌 블릭센을 만나다

초판인쇄 2020년 5월 1일
초판 2쇄 2020년 9월 7일

글, 사진  김해선
펴낸이  채종준
기획 · 편집  이아연
디자인  서혜선
마케팅  문선영

펴낸곳  한국학술정보(주)
주  소  경기도 파주시 회동길 230(문발동)
전  화  031-908-3181(대표)
팩  스  031-908-3189
홈페이지  http://ebook.kstudy.com
E-mail  출판사업부 publish@kstudy.com
등  록  제일산-115호(2000. 6. 19)

ISBN  978-89-268-9913-7  03990

글
·
사
진

김
해
선

# 후회 없이 사랑했던,
# 카렌 블릭센을 만나다

〈아웃 오브 아프리카〉, 〈바베트의 만찬〉을 찾아
케냐와 덴마크로 떠난 아름다운 여정

이담
Books

# 1부. 케냐 나이로비에 있는 카렌 블릭센 뮤지엄

## 2부. 덴마크 룽스테드(Rungsted)에 있는 카렌 블릭센 뮤지엄

1부

---

**케냐 나이로비에 있는
카렌 블릭센 뮤지엄**

---

# #1장

:

왜, 카렌 블릭센인가

겨울인 듯 여름인 듯

흰 망사 커텐이 처져있는 흰 격자 창문

벽난로

파라

# 1.

## 왜, 카렌 블릭센인가

영화 〈아웃 오브 아프리카〉는 많은 사람들에게 잘 알려져 있다. 그러나 영화의 원작을 쓴 '이자크 디네센'이라는 이름을 동시에 사용했던 '카렌 블릭센'에 대해서는 모르는 사람들이 많다. 덴마크 룽스테드(Rungsted)에서 태어난 카렌 블릭센은 아프리카에서 17년 동안 살았던 경험을 바탕으로 『아웃 오브 아프리카』를 책으로 썼다. 헤밍웨이가 20세기 최고의 이야기꾼이라고 극찬하기도 했던 카렌 블릭센의 이 책은 좋은 반응을 얻는다.

1985년 『아웃 오브 아프리카』가 영화로 만들어지면서 이 책은 세계적으로 더 유명해졌다. 그래서인지 세계 각국 사람들은 케냐 나이로비에 있는 카렌 블릭센 뮤지엄을 찾는다. 덴마크 정부와 케냐 정부가 협력해서 카렌이 아프리카에서 살았던 집을 카렌 블릭센 뮤지엄으로 개방하고 있었다. 카렌 블릭센은 아프리카에 살면서 원주민들을 위해서 헌신적인 일을 많이 했으며 아이들을 위해서 학교를 세우는 등 아프리카 케냐에 많은 공헌을 했기 때문이었다.

영화에서 보는 것과 달리, 카렌 블릭센이 17년 동안 아프리카에서 살았던 삶은 그리 녹록치 않았던 것 같다. 아프리카에서 살았던 경험을 살려서 쓴 책은 대부분 재미있는 소설로 읽히지만 사실, 대체로 본인 이야기이다.

영화 〈아웃 오브 아프리카〉는 아프리카의 넓은 초원이 배경이 된 카렌 블릭센의 이국적인 삶의 모습과 데니스 핀치 해튼과의 러브 스토리에 초점이 맞추어져 있다. 대부분의 사람들은 영화로 인해 카렌 블릭센의 치열한 삶보다 데니스와의 러브 스토리를 많이 기억하는 것 같다. 카렌 블릭센과 데니스의 러브 스토리의 로맨틱하고 낭만적인 분위기가 영화를 지배하고 있다고 볼 수 있다. 〈아웃 오브 아프리카〉 영화를 본 사람들은 대부분 카렌 블릭센과 데니스가 경비행기를 타고 아프리카 창공을 날아가는 장면을 잊지 못한다. 경비행기가 나이바샤 호수를 날아갈 때 호수 위를 덮고 있던 홍학 떼들이 연분홍빛의 날개를 펼치고 날아가는 모습은 이 영화 외에 어디서도 찾아 볼 수 없는 장면이다. 또한 데니스가 카렌의 긴 머리를 감겨 주는 장면 또한 로맨틱하고 환상적이다.

하지만 책에는 카렌 블릭센의 실제의 삶이 담겨 있다. 영화 속 로맨틱한 장면을 언급하는 것도 좋겠지만, 이 글에서는 카렌 블릭센의 삶과 문학에 집중해 보고자 한다. 그녀의 삶은 열정적이었다. 카렌 블릭센의 삶을 따라가면 그녀의 삶이 그녀의 문학이고, 그녀의 문학이 바로 삶임을 볼 수 있다. 삶과 문학이 따로 있는 것이 아니라 함께 존재한다.

케냐의 여름은 덴마크의 겨울이고, 덴마크의 여름은 케냐의 겨울이다. 그래서인지 카렌의 가슴속에는 두 개의 계절이 존재하는 것 같았다. 원주민들에게 뜨거운 에너지를 쏟아붓기도 하고, 때때로 시간이 오래 걸려도 이성을 잃지 않고 냉정한 태도로 원주민들과의 사이에서 타협점을 찾아내는 모습에서 카렌에게 겨울과 여름이 동시에 공존하고 있다는 인상을 받기도 했다.

특히 현실적으로 아프리카에서의 삶은 실패했지만, 그녀는 아프리카를 사랑했고 아프리카에서 치열하게 살아냈다. 『아웃 오브 아프리카』는 그녀의 삶을 담아 놓았다. 이 책을 통해 구체적인 묘사가 뛰어나 사실적이며 환상적인 소설로 느껴지게 하는 카렌 블릭센의 글을 만나볼 수 있었다.

　카렌은 아프리카에 처음 도착했을 때부터 아프리카를 사랑하게 되었다고 한다. 또한, 까만 눈동자와 까만 피부를 가진 사람들에 대해서 사랑할 수밖에 없다고 했다. 현실적으로 원주민들과 살아야하고 그들의 도움을 받아야하기 때문에, 받아들이고 타협했던 시선은 아니었다. 그녀는 원주민들을 진정으로 사랑했고 피부색이 다르다는 것에는 편견이 없어 보였다. 책을 읽어 갈 수록 카렌의 솔직함을 만나게 되었다.

덴마크 롱스테드 카렌의 집이었던 카렌 블릭센 뮤지엄의 모습

케냐 나이로비에 있는 카렌 블릭센 뮤지엄. 카렌 블릭센이 17년 동안 살았던 집

　　카렌은 덴마크에서 친척들의 막대한 돈을 지원 받아 케냐 나이로비에 드넓은 커피농장을 경영하게 된다. 그러나 커피농장은 초창기 때부터 큰 빚을 안고 있었다. 그럼에도 카렌은 원주민들 아이들 교육에도 관심이 많아서 학교를 세우고 아이들에게 지원을 아끼지 않았다. 커피농장에는 소작인들과 일하는 사람들이 많았기 때문에 거의 매일 사건 사고가 일어났다. 특히 일을 하다 몸을 다치는 일꾼들이 많아서 나이로비에 있는 병원 문지방이 닳도록 다녔다고 표현하고 있다. 카렌은 농장 주인으로서 자신의 돈벌이에만 급급하고 사랑하는 사람과의 로맨스에만 몰두한 사람이 아니었다는 것을 책을 통해서 새롭게 알

수 있었다.

우리는 때때로 아무리 열심히 해도 사람의 손으로 대처할 수 없는 일들을 마주한다. 카렌은 물심양면으로 원주민들을 돕고 자신의 농장이 잘 되기를 바라며 최선을 다하지만 아프리카의 가뭄 앞에서는 속수무책이 된다. 가뭄이 계속 될 때 카렌의 속도 까맣게 타들어갔다.

하지만 아프리카의 가뭄을 수없이 겪은 원주민들의 태도를 보면서 카렌 자신도 그들의 침묵을 배웠다고 한다. 원주민들의 침묵은 자연을 거스를 수 없는 인간의 한계를 인정하고 받아들이면서 다시 회복되기를 소리 없이 기다리는 태도라고 했다. 카렌 블릭센도 스스로 에너지를 내고 살아남기 위해 그 지난한 시간에 책을 읽고 아침저녁으로 글을 썼다. 이 때 썼던 글들을 책으로 출판했는지는 모르지만, 카렌 나름대로는 혹독한 가뭄을 견디기 위한 방편이었을 거라고 생각되었다.

그런 가운데 농장의 빚은 늘어만 갔다. 농장을 경영 할 수 없는 최악의 순간이 왔을 때도 카렌은 농장을 살릴 수 있다고 믿었다. 카렌은 아프리카에 살면서 아프리카에 뼈를 묻겠다고 한 것이다. 그만큼 아프리카를 좋아했고 사랑했다. 하지만 아무리 그런 의지를 강하게 붙잡아도 메뚜기 떼들이 농장을 뒤덮고 지나간 후에는 회복할 수 없음을 피부로 느끼게 된다.

카렌 블릭센에게 매료 되었던 점은 어떤 어려운 상황이 와도 혼자만 살아남으려고 하지 않은 점이었다. 그런 생각은 처음부터 없었던 사람 같았다. 누구보다도 책임감이 강하고 사람에 대한 약속을 중요시하는 태도에서 카렌 블릭센의 발자국을 따라가고 싶은 마음을 굳게 되었다.

작가의 사생활과 작가의 작품세계는 같은 면도 있겠지만 현실적으로 다를 수밖에 없다. 현실과 허구의 세계가 같다는 것은 거의 불가능하다. 그러나 17년 동안 아프리카의 체험을 바탕으로 쓴 책에서는 작가의 삶과 문학이 함께 있음을 발견하게 된 것 같다. 이런 점들이 카렌 블릭센이라는 작가를 찾아보게 하였다. 특히 그녀의 삶 속에서도 작가 정신이 돋보였기 때문이다.

혹자들은 사람과의 약속을 소중하게 생각하고, 힘든 상황에서도 지켜주려고 노력하는 모습은 책임감 때문이지 문학적으로 보는 것은 무리가 있다고 생각할 수 있다. 그러나 카렌 블릭센의 발자취를 따라가면서 삶과 문학의 일치하는 점들을 어렵지 않게 발견할 수 있었다.

이웃과 잘 살아보자고 굳게 결심해도 막대한 돈을 투자한 사업이 망했을 때 진심으로 이웃을 먼저 생각 하기란 쉽지 않을 것이다. 그러나 카렌 블릭센은 달랐다. 자신을 믿고 있던 농장의 소작인들과 일꾼들을 위해서 아프리카를 떠나기 전까지 그들이 살아갈 수 있도록 최선을 다해 진심으로 도와주는 모습은 감동적이었다. 그녀의 삶과 문학이 함께 존재한다고 느껴지는 지점이었다.

아프리카를 사랑하고 아프리카에서 생을 다 하고 싶었던 카렌 블릭센이지만, 빚더미에 놓인 농장은 더 이상 감당할 수 없었다. 그녀는 빈손으로 덴마크로 돌아간다. 그리고 집에서 칩거하며 소설 쓰기에 몰두한다. 아프리카를 떠나 온 지 4년째엔, 『아웃 오브 아프리카』를 출간한다. 이 책은 구체적인 묘사와 함께 출렁이는 감정 없이 담담하게 이야기를 끌고 가 그녀의 문장 속으로 쉽게 빠져들게 한다.


영화 〈아웃 오브 아프리카〉의 영향 때문인지는 모르지만, 책 『바베트의 만찬』을 읽고 카렌 블릭센에게 더 많이 관심이 가지게 되었다. 카렌 블릭센이 『아웃 오브 아프리카』와 『바베트의 만찬』을 쓴 동일한 작가라는 것에 놀랐기 때문이다.

『바베트의 만찬』은 성경 구절을 인용하며 예수가 열두제자와 최후의 만찬을 하는 장면을 떠오르게 한다. 그리고 주인공 바베트를 통해서 예술을 위해서는 온 몸과 온 정신을 쏟아붓는 작업임을 암시하고 있다. 우리들 각 개인들이 선택한 예술이나,

어떤 일에 대해서 피 한 방울도 남기지 않고 최선을 다해 쏟아내는 모습이 그려진 작품이다. 자신이 선택한 일에 대해서 최선을 다 할 때 인간이 가장 숭고하다는 것을 『바베트의 만찬』을 읽으면서 새삼 다시 생각하게 되었던 것 같다.

『바베트의 만찬』은 시작부터 종교적인 분위기가 풍긴다. 『아웃 오브 아프리카』가 다소 개방적이고 자유스런 분위기라면 『바베트의 만찬』은 엄숙하고 절제된 종교적 분위기여서 두 작품 모두 카렌 블릭센이 썼다는 것을 몰랐었다. 작가가 작품마다 비슷한 분위기와 비슷한 문체만을 쓰는 것 또한 문제가 되겠지만 두 작품의 흐름과 문체도 달랐기에 작가 카렌 블릭센에 대해서 좀 더 구체적으로 알아보고 싶었다.

나는 먼저 그녀가 17년 동안 살았던 아프리카 케냐 나이로비에 있는 그녀의 집을 찾아갔다. 17년 동안 아프리카에서의 삶은 현실적으로 실패로 돌아갔지만 살아가는 과정은 누구보다도 치열하고 성실했다. 나는 그녀가 살아간 발자취를 찾아보고 싶었다. 혼자만 살아가려는 모습보다는 사람에 대해서 편견 없이 대하며 서로 함께 살아가려는 카렌 블릭센의 모습이 진실되게 다가왔기 때문이다.

그리고 빈손으로 돌아가서 칩거하면서 오로지 글을 썼던 덴마크 룽스테드의 그녀의 집으로 찾아갔다. 아프리카에서 누구보다도 최선을 다해서 살았고 아프리카를 열렬하게 사랑했던 카렌 블릭센은 덴마크로 돌아가서 본격적으로 글을 쓰기 시작한다. 성서와 신화, 코란, 셰익스피어, 안데르센 등 여러 고전에서 모티브를 찾아내어 그녀만의 상상적 글쓰기를 하는 태도도 발견할 수 있었다. 이렇듯 카렌 블릭센의 발자취를 따라가다 보면 그녀의 치열한 작가 정신도 배울 것만 같았다.

서울이 겨울이면 아프리카 케냐는 여름이다. 그러나 덴마크는 겨울이다. 서울에서 케냐로, 케냐에서 덴마크로 움직이면서 한 계절 안에 겨울과 여름이 동시에 존재하고 동시에 움직이는 듯 한 느낌을 받았다. 열정적이면서 정적인 면이 있는 카렌 블릭센의 작품세계처럼 겨울과 여름이 처음부터 함께 움직인다는 생각에 머물러 있기도 했다.

덴마크 룽스테드에 있는 카렌의 집은 카렌 블릭센 뮤지엄으로 문을 열어놓고 있었다. 케냐 나이로비에 있는 카렌 블릭센 뮤지엄처럼, 덴마크 정부에서 카렌이 태어나고 마지막까지 살았던 집을 카렌 블릭센 뮤지엄으로 바꿔준 것이다. 그 안에는 겨울 서재와 여름 서재, 두 개의 서재가 있었다. 카렌 블릭센에게 두 개의 뮤지엄이 존재 하듯이, 카렌이 살아생전 사용했던 여름과 겨울, 두 개의 서재가 그대로 존재하고 있었다.

책을 읽고 카렌 블릭센의 발자취를 찾아갈수록 그녀의 삶이 문학이라는 생각이 흔들리지 않았다. 삶과 문학이 따로 존재하는 것이 아니나 카렌의 삶이 문학이었고, 문학이 그녀에게 삶이었다는 것을 작품을 통해서 발견하게 된 것이다. 여름과 겨울이 그녀의 몸 안에서 생성 되고 존재한다는 생각이 들기도 했다. 겨울에서 여름으로, 여름에서 겨울로 한 발자국씩 옮겨가며 카렌 블릭센의 삶과 문학을 천천히 따라나섰다.


## 카렌 블릭센의 남편


카렌의 남편은 외사촌인 남작 블릭슨 피네케이다. 카렌 남편은 쌍둥이었다. 남작 블릭슨은 쌍둥이 중 형으로 알려져 있다. 카렌은 먼저 외사촌 쌍둥이의 동생과 연애를 하지만 결혼하지 못한다. 홧김에 카렌은 쌍둥이 형 블릭슨 남작과 약혼을 했다고들 하지만 정말 그랬는지는 알려지지 않았다. 남작 블릭센과 카렌 블릭센은 아프리카로 가서 결혼을 하고 커피 농장을 운영하게 된다. 그러나 남편은 가정적이지 못하고 밖으로 돌아다니며 바람을 피우고 카렌에게 매독을 옮기는 등 평탄치 못한 가정생활을 하게 된다. 하지만 카렌은 1차 대전 중 카렌의 남편이 군에 있을 때 군수물자를 싣고 군대로 직접 전달해 주는 등 적극적으로 남편을 돕는다. 아마 이 시기에 카렌이 매독을 옮지 않았을 까라는 생각이 든다. 카렌은 덴마크로 가서 병을 치료하고 다시 아프리카로 돌아온다.

남작 블릭센과의 결혼생활은 순탄치 않았지만 카렌은 가정을 계속 꾸려가기를 원했다고 한다. 그러나 블릭센 남작의 계속되는 이혼 요구에 결혼생활의 종지부를 찍는다. 그 후 남작 블릭센은 나이로비의 어느 재력가 백인 여성과 재혼한다. 그러나 어떤 이유로 일찍 죽었는지 알려지지 않지만 은공언덕에 묻힌다.

카렌 블릭센의 남편, 남작 블릭센

카렌 블릭센과 남작 블릭센이 아프리카에서 올린 결혼식 때의 예복

## 커피농장

카렌은 덴마크의 친척들 돈을 투자받아서 여의도 2/3 정도 크기의 커피농장을 17년 동안 운영한다. 그 당시 유럽에서는 아프리카에 큰돈을 투자해서 농업에 관한 사업을 하는 것이 유행이었다. 아프리카의 넓은 땅에 원주민들의 값싼 노동력을 제공 받아서 하는 사업이었다. 카렌도 이와 마찬가지로 커피 플랜테이션을 운영한 것이다. 그러나 카렌의 생각대로 커피농장은 순탄치는 않았다. 유럽시장의 커피 값 폭락도 빚을 지게 되는 계기가 되었지만, 아프리카의 가뭄과 메뚜기 떼의 출현은 커피농장에 회복할 수 없는 타격을 준다.

케냐 나이로비에 있는 카렌 블릭센 뮤지엄 숲속으로 들어가면 그 당시의 커피머신이 서 있었다. 영국제품인 이 기계는 기계라기보다는 공장 같은 느낌을 풍겼다. 카렌 블릭센이 커피농장에 얼마나 많은 투자를 하고 힘을 쏟았는지에 대해서 멈춰있는 붉은 커피기계가 대신 말해 주는 것 같았다.

케냐 나이로비 카렌 블릭센 뮤지엄 나무숲에 있는 영국산 커피기계

익어가는 케냐의 커피

## 카렌의 농장 사람들

　카렌의 농장 규모가 컸기 때문에 여러 사람들이 농장에서 일하면서 함께 살았다. 또한 소작농들은 농장 근처에 집을 짓고 살았다. 케냐에 많은 부족들이 있었지만, 대체로 카렌과 합리적인 관계를 유지하며 사는 부족들은 마사이마라 키쿠유족, 소말리아인들이었다. 카렌의 농장에는 키쿠유족들이 많았는지 키쿠유족에 대한 이야기가 많았다. 각 부족들마다 분명한 특징이 있었다.

가운데 사진은 키쿠유족장이고, 터번 쓴 남자와,
머리띠를 한 여자는 소말리아인이다

마사이족

마사이족들은 용맹하다고 소문이 자자하였다. 용감하게 싸움을 하면서도 이유 없이 아무하고나 싸움을 하지 않는다고 한다. 그들만의 방식으로 몸에 칼을 지니고 있는 마사이족은 한 번도 노예가 된 적이 없었다. 법을 어겼을 때도 감옥에 가둘 수 없어 벌금형을 내린다고 한다. 좁은 공간 안에 가둬두면 삼 개월 안에 죽기 때문이다. 어떤 속박도 받을 수 없는 체질 때문에 명예를 소중하게 여기는 마사이족은 아프리카로 이주해 온 백인들과도 어깨를 나란히 하는 유일한 원주민이라고 한다.

그들 중에는 교육을 받아서 오늘날 정계로 진출하거나 경제적으로 부를 쌓는 사람들도 있지만 대부분 가난하게 사는 사람들이 많았다. 마사이마라 마을에서 사파리를 하는 여행자를 대상으로 물건을 팔거나 장사를 하고, 도회지에 나온 청년들은 일자리를 얻지 못하면, 아파트나 단독주택의 경비를 서기도 한다. 용맹스런 마사이족은 여전히 그들만의 칼을 몸에 지니고서 특히 야간경비 일을 하는 사람들도 있었다.

## 소말리아족

　소말라아족은 의외로 흥분을 잘해서 같은 부족끼리도 싸움을 잘하는 부족이었다. 그러나 식민지 사회에서는 백인들과의 관계에서 체념을 선택하여 그들만의 방식으로 살아갔다. 갑과 을의 관계를 쉽게 파악하여 을의 입장이 되었을 땐 철저히 을이 되어 어려운 문제가 해결될 때까지 견디는 성격이었다. 그런 소말리아인들은 대부분 무슬림이었고 결혼할 때는 신부의 처녀성을 중요시했다.

　카렌은 소말리아 여자들이 아름답다고 극찬 할 때가 많았다. 카렌이 직접 그린, 머리띠를 한 소말리아 여자의 도톰한 입술은 신념이 강한 사람처럼 보였고 함부로 행동하지 않을 것 같았다. 소신이 뚜렷하고 귀티가 흐르는 인상이었다. 케냐 나이로비에 있는 카렌 블릭센 뮤지엄에서 소말리아 여자 그림을 봤을 때 무슨 일을 하는 사람일까 궁금했다. 화장도 곱게 하고 짧은 곱슬머리에 세련되게 머리띠를 한 여자의 그림 앞에서 오래 서 있었다. 건강하고 아름다웠다.

## 키쿠유족

농장과 농장 근처 마을에는 키쿠유족들이 많이 거주하고 있었다. 카렌의 아프리카 생활에서 키쿠유족인 카만테를 빼 놓을 수 없다. 카만테의 병이 깊은 상태에서 만나게 돼서 그랬는지는 모르지만 카만테에 대한 이야기가 많았고 카렌은 카만테에게 특별이 애정이 많아 보였다. 카만테를 통해서 키쿠유족들의 이야기를 적잖이 하고 있었다. 키쿠유족은 대체적으로 편견이 없다고 한다. 사람들은 어떤 행동도 할 수 있다고 생각하고, 사람들의 유별난 행동에도 충격을 받지 않는다고 한다. 키쿠유족은 백인들을 평가하진 않지만 자세히 관찰하는 눈을 가지고 있었다.

키쿠유족과 마사이족은 관계가 좋지 않아 자주 충돌했다. 그들은 서로 혼인도 하지 않았는데, 마사이족 여자들이 줄어든 탓에 마사이족 남자들은 키쿠유족 여자들과 혼인하게 된다. 소는 마사이족에게 가장 큰 재산이었고 결혼식 지참금으로도 소가 최고였다. 그래서인지 소로 인한 분쟁이 많았다고 한다. 마사이족들은 지금도 소를 중요시 하고 있었다.

케냐 나이로비 시내에서 소가 돌아다니는 것을 자주 봤다.

비 오는 날 질척이는 도로에 자동차가 정체 되어 있는 사이로 지나가기도 했다. 사람들은 별 불만 없이 소가 지나가기를 기다렸다 움직였다. 나이로비의 어원은 '맑은 물' 또는 '찬물'이라는 뜻이 담겨 있었다. 마사이족이 엔카레 나이로비라고 부르는 작은 호수에서 따온 이름이 케냐의 수도 나이로비로 불리게 되었다. 그래서인지 마사이족을 존중하는 의미로 소를 존중하는 풍습이 계속 내려오고 있다고 한다.

## 영국인 사냥꾼이면서 로맨틱한
## 남자였고 신사였던 데니스 핀치 해튼

카렌의 남편인 남작 블릭슨 피네케와 별거에 들어가면서 농장에 자주 오던 데니스 핀치 해튼과 사귀게 된다. 아프리카를 자유롭게 다니는 사냥꾼이면서도 로맨틱한 영국 남자였던 데니스는 책을 좋아하고 시집도 자주 읽었다. 특히 카렌의 이야기를 듣기를 좋아해서 이 둘은 좋은 연인으로 발전한다. 카렌이 말하기를 데니스는 아프리카의 원주민들 이야기도 경청하기를 좋아했고, 백인 우월주의는 발견할 수 없었다고 했다. 카렌과 밤새 토론할 때에도 데니스는 아프리카 사람들을 교육시켜서 서구화 시키는 것보다 그들의 문화를 존중해주고 있는 그대로 보려는 시각을 고집하곤 했다. 이 부분에서는 카렌이 데니스가 지적인 신사라고 칭찬하던 말에 수긍이 가기도 했다.

데니스는 누구에게나 큰소리치는 법이 없는 신사였고 사람에 대해서 편견이 비교적 없는 사람이었다. 멀리 사냥을 나가기 전에는 꼭 구약성경을 읽고 갔기 때문에 이슬람 사람들도 데니스를 좋아했다고 카렌은 회상하고 있었다.

그러나 〈아웃 오브 아프리카〉 영화에서는 아프리카의 대자연 속에서 데니스가 경비행기에 카렌을 태우고 데이트하던 환상적인 장면만을 사람들은 많이들 기억하고 있다. 특히 광활한 대지에 석양이 질 때 모차르트의 클라리넷 합주곡이 흘러나오는 장면은 명장면 중의 하나이기도 하다. 시끄럽고 복잡한 도시에서 가끔은 모차르트 클라리넷 합주곡을 들으면 자연스럽게 〈아웃 오브 아프리카〉 영화의 장면들이 스쳐가곤 한다.

그러나 아이러니하게도 모차르트가 클라리넷 합주곡을 쓸 때는 모차르트가 한 끼 밥값을 걱정했던 심한 생활고에 시달릴 때라고 전해지고 있다. 모차르트의 친한 친구가 궁중에서 연주하는 사람이었는데 딱한 모차르트의 생활고를 듣고 일부러 그 곡을 부탁했다고 한다. 모차르트는 클라리넷 합주곡 2악장을 마지막으로 작곡하고 젊은 나이에 세상을 떴다고 하니 묘한 생각이 들었다. 한 젊은 천재 작곡가가 죽음을 목전에 두고 만든 음악 클라리넷 합주곡 2악장은 죽음과 어둠의 냄새보다는 그와 정반대로 사람의 마음을 차분하게 해 주는 깊은 서정 속으로 스며들게 한다. 또한 도시의 소란한 생활을 진정시켜주고 때때로 불안해지는 마음을 아득히 멀기만 한 아프리카 초원으로 데려가 주기도 한다. 소나무 하나 서 있는 넓은 초원으로 붉은 노을이 물들어가는 장면을 상상하게 하는 곡이다.

가장 낭만적이며 사랑꾼의 모습으로 카렌과 함께 경비행기를 타고 다니며 보는 이들 마음까지 설레게 하던 데니스, 어느 날 경비행기를 타고 나간 후 영원히 돌아오지 못한다. 카렌은 갑자기 죽은 데니스의 장례를 치러준다. 평소에 데니스와 농담으로 얘기했던 장소에 무덤을 만드는 과정도 잊히지 않는 대목이었다.

덴마크 룽스테드 카렌 블릭센 뮤지엄에 있는 데니스에 관한 기사

## 카렌 블릭센의 부모님과 형제들

　카렌 블릭센의 아버지는 군인이며 정치가로 알려져 있다. 그리고 문학에 관심이 많아서 소설도 썼다고 한다. 카렌의 어머니는 귀족 출신이자 재력가의 딸이었다. 두 사람은 남부럽지 않게 딸 셋과 아들 둘을 두고 다복한 가정을 꾸려갔다. 그러나 카렌의 아버지는 가족에게 차마 말할 수 없는 실수를 하고서 죄책감에서 벗어나지 못한 채 자살하고 만다. 카렌의 아버지 묘는 카렌의 집, 큰 마당 잔디밭에 있었다.

　그러나 카렌은 그 당시 돈 많은 귀족의 딸이었기에 교육의 혜택을 많이 받고 자란다. 덴마크 아트아카데미에서 공부했고, 파리, 로마에서 그림 공부를 하기도 했다. 어려서부터 카렌은 화가가 꿈이었다. 그래서인지 케냐 나이로비에 있는 카렌 블릭센 뮤지엄 곳곳에는 카렌이 그린 그림들이 걸려 있다. 사진으로 복사한 것을 벽에 걸어 두었지만, 덴마크 룽스테드에 있는 카렌 블릭센 뮤지엄에는 카렌의 진짜 그림이 걸려 있다. 카렌의 그림 솜씨는 대단했다.

　카렌이 아프리카에 이주해서 살 때 카렌의 남동생도 커피농장에 돈을 투자해서 아프리카를 방문하기도 한다. 그러나 카렌의 17년간의 아프리카의 생활은 커피농장의 파산으로 끝이난다. 결국 빈손으로 덴마크 룽스테드로 돌아간다. 카렌은 자신이 태어났던 본가에서 어머니와 함께 살아가며 본격적인 글을 쓰며 세계적인 작가로 자리 잡는다. 어머니가 돌아가시자 카렌은 그곳에서 마지막까지 혼자 살아간다.

덴마크 룽스테드 카렌 블릭센 뮤지엄 마당에 있는 카렌 아버지의 묘

## 2.

## 겨울인 듯 여름인 듯

　　케냐의 계절이 우리나라와 반대여서 우리가 겨울이면 케냐는 여름이라고 알고는 있었지만, 케냐에 도착하니 케냐도 겨울인줄 알았다. 아침저녁으로 대부분 쌀쌀했기 때문이다. 밤에는 비가 자주 내렸다. 대부분 사람들은 반팔보다는 긴팔과 재킷이나 점퍼를 입고 있었다. 12월 초부터 여름이 시작된다고 한다.

　카렌의 뮤지엄에 다시 찾아갔다. 어제 하루 종일 뮤지엄 구석구석 살펴봤지만, 카렌의 흔적을 느끼고 싶어서 다시 방문했다. 아침 기온은 쌀쌀했지만, 뮤지엄으로 들어가는 발걸음은 가벼웠다. 기분이 좋았다. 여전히 왼쪽 가슴이 뛰고 있었다. 카렌

의 넓은 마당에 있는 잔디밭은 푸르렀고 멀리 보이는 은공언덕
에 숨어 있던 해는 서서히 움직이고 있었다. 천천히 잔디밭을
밟으며 돌아다녔다. 잔디밭 너머 마당 끝에는 100년 전의 농기
구들이 녹슬어가고 있었다. 어떤 것은 부스러지는 형체를 겨우
붙들고 있었다. 어제는 왠지 급한 마음을 숨길 수가 없어서인
지 농기구들이 보이지 않았다. 카렌이 아프리카에서 17년간 살
았던 집에 가서 카렌의 흔적을 보고 카렌과 말을 해보고 카렌
의 집에서 함께 살면서 일하던 파라, 카만테, 그리고 일하는 다
른 사람들, 소작인들 키쿠유족장, 카렌과 서로 사랑했던 데니스
를 만나고 싶었던 마음이 앞섰던 것 같다.

넓은 집 둘레에 무성하게 자란 키 큰 나무들도 위엄 있어 보
였다. 밤새 내린 비로 카렌의 집 둘레는 온통 푸른 신록으로 가
득 차 있었다. 나는 넓은 마당을 돌아다니다, 카렌의 손때가 묻
은 거실과 서재, 카렌의 침실, 그리고 욕실과 주방을 어제도 봤
지만 더 자세히 보기 위해서 천천히 마당을 걸어 집안으로 들
어갔다.

케냐 나이로비 카렌 블릭센 뮤지엄

케냐 나이로비에 있는 카렌 블릭센 뮤지엄의 넓은 마당

케냐 나이로비 카렌 블릭센 뮤지엄 마당에 있는 부스러진 수레

카렌이 사용했던 타자기

카렌의 책과 물감들

카렌의 기사들

# 3.

## 흰 망사 커텐이
## 쳐져있는 흰 격자 창문

카렌이 살았던 그녀의 집으로 들어왔다. 천천히 푸른 잔디밭을 밟아 보았다. 100년 전 카렌이 밟고 다니던 넓은 마당을 지나 그녀의 거실로 들어갔다. 나는 카렌에게 초대 받은 느낌이 들었다. 카렌이 파라에게 차를 준비하라고 말하는 사이에 거실을 지나 서재로 들어갔다. 카렌이 자주 봤던 책들이 가지런히 책장 속에 있었다. 유리가 끼워진 긴 책상 위에는 검정 타자기가 놓여 있었고, 카렌이 이곳 사람들과 함께 찍은 사진이 작은 액자 속에서 웃고 있었다. 격자무늬의 흰 창문이 눈에 들어왔다. 바람이 들어와서 창문위에 길게 쳐진 흰 망사 커텐이 조금씩 흔들렸다. 이 창을 통해서 은공언덕을 바라봤던 카렌의 눈길이 보였다.

사파리를 떠난 데니스를 기다리는 카렌의 깊은 눈동자를 따라 어디쯤에 은공언덕이 있을까 하고 넓은 마당 뒤에 펼쳐진 푸른 산과 더 멀리 보이는 희미한 산, 그중에 어떤 산이 은공언덕이 있는 산인지 알 수 없었지만, 카렌이 살았던 서재에서 은공언덕을 찾아보고 있다는 생각만으로도 설렘이 쉽게 가라앉지 않았다. 카렌이 일을 하다가도 잠시 커피 한잔 마시면서 쳐다봤을 은공, 지금쯤 사파리 일정을 마치고 부지런히 돌아오고 있는 데니스가 오고 있다는 생각에 커텐을 젖히고 오른손을 이마에 얹고 은공 쪽을 살펴보는 그녀의 눈길이 강렬하게 느껴졌다.

언덕에서 세 갈래로 갈라지는 길에서 왼쪽으로 내려와 중간 키의 소나무 한 그루가 서 있는 곳을 지나서 농장 쪽으로 쏜살같이 내려와 데니스의 발자국 소리가 들리는 것만 같아 창문 앞에서 떠나지 않는 카렌의 등 뒤에서 나도 서 있었다. 카렌은 말이 없었다. 오랜 기다림의 시간들이 몸에 배어 있는 듯 했다. 하지만 기다림에 대한 초조함과 불안함은 침묵 속에 녹아 있는지 크게 드러나 보이지 않았다.

30분 후면 도착할 것까지 미리 짐작하고 저녁 식사 준비를 미리 다 마쳐놓은 카렌, 그러나 점점 가까워지는 데니스의 발자국 소리는 내가 세고 있었다. 숫자를 세면서 데니스가 좋아하던 고기와 숙성된 와인, 카렌이 좋아하는 야채로 준비된 저녁 식탁이 스쳐갔다. 오랜만에 만난 데니스와 카렌, 그들의 두서없는 말들과 평소보다 크게 웃는 카렌의 웃음소리가 늦은 저녁시간까지 이어지고 있었다. 데니스도 멀리 사파리 여행을 떠나면 백인들과 얘기할 수 없었다. 자신만의 모국어로 며칠이고 한 마디도 할 수 없는 상황에서 늘 고독에 습격당한 것 같다고 했다. 카렌 또한 농장에 찾아오는 백인들이 있다 해도 대부분 원주민들과 함께 지냈기 때문에 모국어로 실컷 얘기하고 싶은 욕구는 늘 좌절 되었다. 이처럼 자신들의 모국어로 당시 다양한 국제적인 상황과, 개인적인 문제, 아프리카에 대한 생각들을 거침없이 나눌 수 있는 상대여서 그들은 더 가까워 질 수밖에 없었는지도 모른다. 모든 것들이 잘 갖추어져 있어도 대화가 통하지 않는 관계는 그리 오래 가지 못한다는 것은 예나 지금이나 비슷한 것 같다.

카렌은 데니스에 대해서 한 번도 언짢아 한 적이 없었던 것 같다. 비교적 상대방 이야기를 잘 들어주고 나서 본인의 생각을 펼치는 데니스의 태도에 좋은 인품을 가진 사람이라고 소개한다. 카렌의 이야기뿐만 아니라 원주민들의 이야기도 그들의 눈높이에 맞춰서 들어주는 데니스의 태도를 여러 번 언급하곤 했다. 사파리를 떠날 때 원주민 하인들과 동행 할 때도 데니스가 그들은 하대하거나 무시하는 경우는 없었다고 카렌은 대신 말해주곤 했다.

데니스는 차분한 성격의 소유자였던 것 같다. 또한 카렌은 자신의 이야기를 듣기 좋아하는 데니스를 위하여 몇 개의 이야기를 만들기도 하고, 어떤 이야기를 들려줄까 많이 궁리했다고 한다. 카렌은 결혼 전에 오세올라라는 가명으로 『은둔자들』을 잡지에 발표한 이야기꾼이었다. 코펜하겐의 로열 아카데미에서 오브 알트를 수학 하는 등 소설뿐만 아니라 미술에도 조예가 깊었다. 다방면에 박식한 그녀였기에 아마도 카렌의 이야기를 밤새도록 듣는다 하여도 데니스는 그 시간을 즐겼을 것이다.

케냐 나이로비의 카렌 블릭센 뮤지엄 안에 있는 거실

작은 탁자 위에 있는 카렌과 데니스의 사진

케냐 나이로비 카렌 블릭센 뮤지엄에 있는 카렌 블릭센의 침실

# 4.

## 벽난로

거실의 벽난로는 100년 전까지 한 번도 꺼지지 않았다는 것을 말해 주는 듯 시커멓게 그을려 있었다. 지금이라도 장작을 넣고 불을 피우면 불꽃이 타오를 것 같았다. 어쩌면 카렌의 집에서 있는 그대로의 모습을 가장 자연스럽게 보여주는 것이라고 생각되었다. 카렌의 뮤지엄을 채우고 있는 대부분의 소품들은 1985년 영화 〈아웃 오브 아프리카〉를 찍을 때 썼던 소품들로 꾸며져 있었다.

물론 주방의 도구들과 화장실의 용기들은 그대로 보존되어 있었고, 오래된 괘종시계와 가구들과 카렌이 직접 그렸다는 깡마르고 날카로운 카키유 족장의 모습을 보면서 새삼 카렌의 그림 솜씨를 엿볼 수 있었다. 덴마크에서 아카데미 아트 스쿨을 다녔던 카렌이 그린 부리가 길고 두꺼운 앵무새의 그림도 대단한 솜씨였다. 그러나 이곳에 있는 그림들은 모두 복사본이었다. 이러한 그림들로 꾸며진 거실과 식당은 잘 정리되어 있었다.

벽난로 옆에는 두 개의 초상화가 걸려 있었다. 터번을 쓰고 있는 남자 그림 주인공이 파라인줄 알았는데 아니라고 했다. 파라는 카렌 블릭센의 비서 역할을 한 흑인 남자이다. 그림 속의 원주민 여자는 몹시 아름다운 미인이었다. 왜 난로 옆에 사진을 붙여 두었는지는 알 수 없지만, 아마도 두 사람이 난로의 불을 한 번도 꺼뜨리지 않았을 것이라고 짐작해 본다. 거실의 벽난로는 17년 동안 한 번도 불꽃이 꺼지지 않았다는 것을 말해주듯이 벽난로 입구 언저리가 조금씩 타들어간 흔적이 고스란히 남아 있었다.

아침저녁으로는 긴 팔을 입고 얇은 오리털 파카를 입었다. 밤에는 대부분 비가 내렸다. 낮에도 갑자기 소나기가 쏟아져서 길들은 웅덩이가 많았고 흙길은 진창이 되어 있었다. 겨울은 더 추울 것이다. 한국처럼 흰 눈이 쏟아지고 꽁꽁 얼어붙은 날씨가 아니어도 몹시 쌀쌀하다고 한다. 100년 전 카렌의 집도 겨울엔 벽난로의 불꽃이 활활 타올랐을 것이다. 손님이 찾아오든 아무도 찾지 않은 날에도 벽난로의 불꽃은 꺼지지 않았을 것 같다. 타오르는 벽난로의 불꽃은 카렌이 아프리카를 사랑하고, 아프리카에 와서 아프리카를 떠난다는 생각조차 못한 채 열심히 살아간 카렌의 정열처럼 보였다. 때때로 사파리에서 돌아온 데니스와 카렌은 벽난로 앞에서 시간가는 줄 모르고 이야기꽃을 피웠을 것이다. 그들의 조곤조곤한 말소리들이 들리는 듯하여 물끄러미 벽난로를 바라보았다. 세상에서 가장 행복한 시간이었을 것 같다. 어떤 얘기를 해도 지루하지 않고 싫증나지 않았던 두 사람, 별것도 아닌 것에도 귀 기울여 듣는 데니스의 모습이 아른거렸다. 때때로 왼손을 턱에 받치고 데니스를 바라보는 카렌의 깊은 눈빛 또한 불빛에 일렁이는 듯하였다.

케냐 나이로비 카렌 블릭센 뮤지엄에 있는 벽난로. 식탁 뒤에 벽난로가 있다

5.

## 파라

파라는 남자였다. 아프리카 생활에서 카렌에게 없어서는 안 되는 사람이 파라였다. 카렌의 수족과 같은 사람이었기에 당연히 여자일 것이라고 생각하고 책을 읽었다. 파라는 영어와 프랑스어를 유창하게 했다고 카렌은 말하고 있었다. 가끔 어휘가 뒤바뀌긴 했지만 아주 능통했다고 한다. 그래서인지 카렌이 가는 곳엔 언제나 파라가 함께 했다. 그러나 파라의 아내가 몹시 아름다운 소말리아 여자라고 소개하는 부분에서 여자가 아닌 남자로 깨닫고 천천히 책을 읽어나갔다.

카렌은 파라의 가족들과도 각별하게 지냈다. 파라의 아내 동생의 결혼식도 농장에서 치르게 했다. 소말리아인들은 결혼식을 여러 날에 걸쳐 치른다고 한다. 카렌은 여러 번 그곳을 방문하여 축하해 주고 소말리아의 전통적인 결혼식을 소상하게 전해주기도 한다.

파라의 아들에 대해서도 자세히 묘사하기도 했다. 밤톨 같은 작은 아이가 총명하게 자라나 농장에서 꼬마 대장 노릇을 한다고 했다. 영특한 꼬마는 잘 알고 있었을 것이다. 농장의 주인에게 사랑을 한 몸에 받고 있는 사람이 자신의 엄마 아빠라는 것을, 농장 주인은 어디를 가든 자신의 아빠와 대동했기에 그 힘이 얼마나 큰지, 파라의 작은 꼬마는 아무 거리낌 없이 어린 시절을 농장에서 뛰어 다니며 누렸을 것이다.

카렌이 직접 말하지 않아도 파라와 함께 바깥일을 보러 다닐 때는 파라의 아내와 카만테 그리고 집안일하는 사람들은 언제 어디서 어려운 손님들이 와도 그때그때 카렌이 수월하게 대화할 수 있게 손님 접대에 대해서는 미리미리 준비하고 차질 없이 해 놓았다.

어느 날 인도 출신의 높은 관리인이 찾아 왔을 때였다. 카렌은 농장에 없었다. 급히 소식을 듣고 집안으로 들어갔을 때 인도인 관리와 인도인들이 집 구경을 할 수 있게 준비가 잘 되어 있었다. 카렌의 좋은 그릇들을 꺼내서 잘 배치해 두는 등, 카렌의 손길이 없어도 아무런 문제가 없음을 보여주고 있었다. 카렌과 집안에서 일하는 사람들이 손발이 척척 맞았다는 것은 그만큼 주인과 일하는 사람들의 신뢰가 높았다는 것을 느낄 수 있었다.

그리고 파라는 카렌이 아프리카에서 마지막 날까지 함께 동행 했던 사람이었다. 카렌도 파라도 서로 말없이 마지막 기차를 타고 가다, 기차가 잠시 멈추어있을 때 플랫폼에서 내려 희미한 은공언덕을 보며 걷기도 하였다. 파라와 함께 아프리카의 땅을 마지막으로 밟고 있었던 것이다.

케냐 나이로비 카렌 블릭센 뮤지엄 벽에 걸려 있는 터번을 쓴 아프리카 남자 그림. 파라로 알고 있었는데 파라의 남동생이나 파라의 처남일 거라고 한다(복사본)

덴마크 룽스테드 카렌 블릭센 뮤지엄 벽에 걸려 있는
터번을 쓴 아프리카 남자 그림(원작)

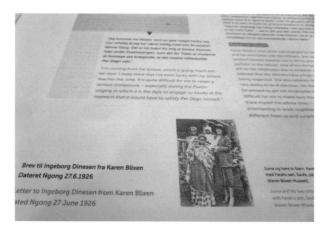

파라, 그의 와이프, 두 아이, 카렌 블릭센과 파라의 가족이 함께 찍은 사진

나이로비에 비가 자주 내렸다

여름인데 추웠다

빨강지붕 옆에 흙길이 있었다

물받이 홈통을 감고 노란 꽃이 올라가고 있었다

날개가 큰 새들이 많았다

벽 속에서 소근 대는 소리가 들렸다

소리를 열면 그곳의 아침이 보일 것만 같았다

# # 2장

:

나이로비 시내에 있는 작은 바티칸 시티

카렌의 집 서쪽 모퉁이에 있는 둥근 돌 테이블 두 개

키쿠유족 소작농의 아들 카만테

소말리아 여자들

뻐꾸기시계

# 1.

## 나이로비 시내에 있는
## 작은 바티칸 시티

카렌 지역은 매우 넓었다. 카렌 블릭센 뮤지엄으로 들
어가는 2km 전부터 카렌 로드 표지판이 보이기 시작했다. 나무
숲으로 울창한 이곳은 나이로비에서 가장 비싼 땅이라고 했다.
높은 담장과 울창한 나무숲으로 담장 내부의 집들은 지붕 정도
만 보였고 대부분 철창으로 된 대문은 굳게 닫혀 있었다. 이곳
은 고급 주택뿐만 아니라 살레시오 수도원, 베네딕트 수도원,
아씨시의 프란치스코 수도원 등 수많은 수도원이 나무숲 속에
있었다. 또한 수녀원과 신학교, 신학대학원 등 아프리카의 선교
센터 등이 이곳 카렌 지역에 있었다. 수도원 대부분 간판이 없
거나 작은 글씨로 써 있었다. 테러 대상이 될 수 있기 때문이라

고 한다.

그런데 새로운 이야기가 이곳 사람들에게 전해오고 있었다. 이곳 카렌 지역은 작은 바티칸이라고 불리고 있었다. 카렌 블릭센이 17년 동안 이곳에서 살다가 덴마크로 떠나기 전에 그녀가 운영했던 농장을 나이로비에 있는 회사에 매각했고, 남아 있는 그녀의 땅 대부분을 로마 바티칸 시티에 기증했기 때문이다.

카렌이 맨 처음 아프리카로 올 때, 그녀의 어머니와 친척들이 커피 농장에 많은 투자를 했다. 카렌은 커피농장 뿐 아니라 많은 땅도 구입했다고 한다. 카렌은 책의 서두에서 농장은 6천 에이커이고, 목초지가 2천 에이커라고 밝힌다. 6천 에이커는 우리나라 여의도 정도의 땅이라고 한다. 어쩌면 더 넓을지도 모른다고 하니 정말 넓은 땅이구나, 라고 짐작만 할 뿐이었다.

농장을 맡았을 때부터 부실했던 농장의 경영 상태를 끝내 회복하지 못하고 카렌은 농장을 매각한다. 카렌 엄마의 생각이었는지 카렌의 생각이었는지는 알 수 없지만, 나머지 땅을 로마 바티칸에 기증해서, 오늘날 카렌 지역에 수십 개의 수도원과 수녀원 등 신학교가 나무숲 속에서 활발하게 운영되고 있다고 한다. 이는 나이로비에서 오래 거주하고 있는 한국 천주교 신자들이 전해 주었다.

그래서인지 『아웃 오브 아프리카』를 처음부터 다시 읽게 되면서 책 곳곳에 성경의 시편들을 인용한 대목을 발견하기도 했다. 미사에 대해서도 적극적인 방식으로 참여하고, 파라와 카만테 등 원주민들을 데려가서 함께 미사 드리는 장면도 눈에 들어왔다.

책에서는 데니스와 러브스토리의 비중보다는 카렌이 아프리카 나이로비에 도착해서 농장을 경영하는 이야기, 수많은 원주민들을 접하고 생활하면서 겪게 되는 문화와 사람 사는 이야기와 그 사이에서 일어나는 갈등들이 아주 구체적으로 잘 묘사되어 있었다. 책을 읽어 갈수록 카렌 블릭센이라는 작가의 매력에 빠져들게 되었다. 그녀는 농장 주인으로서의 권위를 유지하면서도 원주민들과 대화에서는 그들의 눈높이에 맞춰서 이야기하고 그들을 이해하고 물심양면으로 도와주고 있었다. 백인이라는 우월감 보다는 인류애적인 느낌들로 다가왔다.

매일 아침이면 새벽부터 걸어온 원주민들과 이웃에 사는 원주민들이 카렌의 집에 모이기 시작했다. 카렌에게 아픈 몸을 치료 받기 위해서였다. 카렌은 간호사도 의사도 더더욱 아니었지만 매일 아침 찾아오는 원주민들을 내치지 못했다. 상처 난 곳에 소독약을 바르고 약을 주고, 종기가 곪아 터진 곳은 고름을 짜고 소독하고 상처에 약을 바르는 등, 기본적으로 할 수 있는 치료에 집중했다. 더 위중한 환자들은 나이로비에 있는 의

사를 부르기로 했다. 또한 원주민의 아이들을 위해서 학교를 짓는 등 교육에도 적극적이었다. 그 당시에 유럽인들이 아프리카에서 선교 사업을 하거나 학교를 운영하기도 했지만, 한 개인이 자신의 사비를 털어가면서 매일 아침 원주민들의 치료를 성실하게 하던 모습을 책에서 만나면서 카렌이라는 작가의 발자취를 찾아보고 싶은 마음이 더 굳어지게 되었다.

케냐 나이로비 카렌 블릭센 뮤지엄 나무 울타리 뒤에 카렌의 길이 있다.
카렌의 길 옆에 있는 숲속에 많은 수도원과 신학교가 있었다.
나무숲에 가려 보이지 않았다.

## 2.

## 카렌의 집 서쪽 모퉁이에 있는
## 둥근 돌 테이블 두 개

카렌의 집 모퉁이에는 둥근 돌 테이블 두 개가 있었다. 책에서 전해지는 이야기는 왠지 섬뜩한 사연이었다. 직접 가서 보면 우리나라의 맷돌 같은 모양이었지만 맷돌보다는 조금 더 크고 조금 더 넓적했다. 이 맷돌 같이 생긴 돌 테이블에서 인도인 두 사람이 살해되었다고 한다. 그 인도인 핏자국이 스며서 아직까지 붉은 기운이 돈다고 하였다. 그래서인지 그 돌 테이블은 진짜 붉은 기운이 돌았다. 카렌은 그 이야기가 아무렇지도 않았는지 그 돌 테이블 두 개를 얻어와서 자기 집 모퉁이에 두고 있었다. 현지인들이나 소작인들, 손님들이 자주 찾아올 때마다 그곳에서 많은 이야기를 나누고 협상을 했기 때문에 협상의 돌 테이블이라고 불리기도 했다.

그런데 그 협상의 돌 테이블 아래 카만테와 새끼 사슴이 함께 찍은 사진이 놓여 있었다. 새끼 사슴은 카렌이 찾은 사슴이다. 어느 날 나이로비로 바쁘게 외출하던 중 현지인 아이들이 용돈을 벌어보려고 새끼 사슴 한 마리를 잡아서 카렌에게 사달라고 마구 떼를 썼다. 카렌은 아이들의 그런 모습이 마음에 안 들었고 바빴기 때문에 그냥 지나쳐 버렸다. 집에 돌아오는 중에는 사슴도 아이들도 안 보였다. 카렌은 침대로 들어갔다가 불현듯 누구에게도 팔리지 않자 버려졌을 가여운 새끼 사슴이 떠올라서 찾아야겠다는 생각이 들었다. 집에서 일하는 사람들에게 소상히 말하고 어딘가 버려져 있을 그 사슴을 찾아야한다고 말했다. 이럴 때의 카렌의 모습은 백인으로서 주인으로서 일하는 약자들에게 무조건 명령하는 모습이 여실히 드러난다. 그도 백인이었고 지배자였던 것이다. 나는 카렌의 이런 모습을 책에서 가끔씩 접할 때마다 낯설었다. 그녀의 인간적인 면과 인류애적인 면을 발견하고서 카렌이라는 작가를 찾아 나서게 되었기 때문이다. 하지만 자신을 미화하지 않고 솔직하게 드러내는 모습도 카렌이었다.

몇 시간이 지나자 사람들은 예측대로 버려진 새끼 사슴을 찾아서 안고 돌아왔다. 카렌은 그 사슴의 이름을 룰루라고 지었다. 룰루는 카렌의 가족이 되어서 집안 사람들의 사랑을 듬뿍 받고 무럭무럭 자란다. 동물도 잘 돌보았던 카만테는 룰루를 각별하게 돌보았다. 그런 카만테와 룰루의 사진을 찍어준 사람은 카렌이었을까, 아니면 방문한 손님이 룰루의 사연을 듣고 찍어준 것인지 알 수 없었다. 액자에 들어있는 사진은 낡아 있었다. 액자는 금이 가 있지만 백년이 지난 다음에도 이 사진을 만날 수 있다니, 왠지 카만테를 만난 것 같아서 반가운 마음이 들었다. 사진에는 새끼 룰루라고 써져 있었고, '카렌의 베스트 쿡커 카만테'라고 써 있었다.

나는 이 사진이 하필 돌 테이블 아래 놓여 있을까, 집안 어디에 놔두어도 카렌의 관심을 받았던 카만테였기에 문제없을 텐데, 터번을 쓴 남자도, 키쿠유족장의 초상화도 거실에 걸려 있지 않은가, 카렌이 최고의 쿡커라고 극찬한 카만테, 돌 테이블과 분명 관계가 있을 거라는 생각이 들었다. 카만테는 고기나 생선을 돌 테이블에서 손질했을 것이다. 손질한 다음 깨끗이 뒷정리를 해서 손님들이 찾아오면 다시 티 테이블로써 활용했을 거라고, 책 어디에도 이런 내용은 없지만 나 혼자 짐작해 보았다.

나도 왠지 카만테에게 마음이 갔다. 책 안에는 등장인물들이 많다. 카렌이 덴마크로 가던 날 까지 함께 했던 파라, 카렌의 수

족과도 같은 사람 파라에 대해서도 여러 번 나온다. 카렌의 남편, 데니스, 카만테, 룰루, 키쿠유족장, 마사이마라족들, 소말리아인들, 백인들, 원주민들, 알 수 없는 수많은 사람들이 등장한다. 카렌이 17년 동안 아프리카에서 살면서 만났던 사람들을 책에다 다 넣지 않았겠지만 등장인물들이 많다. 하지만 나에게 가장 관심을 끌었던 인물은 데니스와 카만테였다.

그런데 카만테의 사진을 카렌의 거실 벽에나 한쪽에 걸어 둔다 하여도 이상할 것 하나도 없고, 다른 사람들도 카렌의 베스트 쿡커 카만테를 더 많이 기억했을 것이라는 생각이 들었다. 그런데 왜 햇볕이 따가운 서쪽 모퉁이 돌 테이블 아래 카만테의 사진을 뒀을까. 물론 사진속의 배경이 돌 테이블이다. 카만테가 돌 테이블 의자에 앉아서 찍은 사진이었지만 방치하고 있다는 생각을 지을 수가 없었다. 오래되고 낡은 사진은 금이 가 있었고, 카만테가 사진 속에서 늙어가고 있다는 생각이 들었다.

카렌의 집 서쪽 모퉁이에서 오후 햇살을 받고 있는 돌 테이블

# 3.

## 키쿠유족 소작농의 아들
## 카만테

카만테는 소작인의 아들이다. 카렌은 이곳에 정착한 지 몇 년이 지나서 그를 알게 되었다고 한다. 머리는 크고 몸은 나무젓가락처럼 말라있었고 무릎에는 고름과 종기가 덕지덕지 붙어 있어 병색이 완연한 모습이라고 했다. 아이의 날카로운 눈빛은 오랫동안 병들고 지친 시간에 대한 원망 같은 것이라고 카렌은 생각한 것 같다. 카렌은 이 아이를 집으로 오라고 해서 치료를 꾸준히 해준다. 하지만 카만테 소년은 마음을 열지 않는 눈빛과 몸짓이었다.

또한 카렌은 거의 매일 아침 9시부터 10시까지 농장 사람들에게 의사 노릇을 했다고 말하고 있다. 의사가 아니기에 스스로 가짜 의사라고 말하면서 매일 아침 찾아오는 환자들을 치료하고 상처에 약을 발라줬다. 카렌은 이러한 일을 대단하게 생각하기보다 자신이 할 수 있는 일에 최선을 다 하는 것 같았다. 카렌뿐만 아니라 많은 유럽인들이 아프리카에 건너와서 의료 활동을 펼치기도 했지만, 카렌은 그 부분을 크게 부각하지 않는 모습이었다. 당연한 일 아닌가, 식민지의 피해자들이니까 하는 생각이 아니라 아프리카에 대한 동경과 사람에 대한 이해의 폭이 넓은 사람이라고 보였다. 아픈 사람을 당연히 도와주고, 병든 사람에게 위로와 약을 전달하는 카렌의 손길에서 지배자의 시선이라고 선을 긋기엔 다소 무리라는 생각이 들었다.

카렌은 매일 아침 카만테 소년을 열심히 치료 했지만 병세는 좋아지지 않았다. 때로는 더 악화되기도 해서 카렌은 카만테를 선교사가 운영하는 병원에 입원시킨다. 극심한 고통도 견디는 아이였지만 카만테는 얼마나 고통스러웠는지 '음사부, 가지 말아요'라며 찢어지는 듯한 소리로 카렌을 붙잡았다. 카렌은 처음으로 아이가 마음의 문을 열었다고 생각한다. 카만테는 또래 아이들보다 훨씬 작고 가분수 같은 모습이었다. 그러나 꾸준한 병원 치료와 카렌의 도움으로 시간이 지나서 완치하게 된다. 카만테는 카렌과의 그런 인연으로 카렌이 덴마크로 떠날 때까지 카만테는 주방에서 주방 일을 하게 된다.

박물관 안에 있는 주방은 생각보다 작았다. 100년 전 주방의 모습을 그대로 꾸며 놓았다. 당시 덴마크에서 가져온 그릇 몇 개가 주인이 떠난 뒤의 쓸쓸함을 대신 말해주고 있었다. 커피를 내리는 작은 기계들도 눈에 띄었다. 가장 눈에 띈 것은 화덕 위 벽에 걸려 있는 키 큰 남자 사진이었다. 자세히 들여다보니 카만테라고 써 있었다.

어린 시절 병들었을 때는 학교 다닐 나이에도 병에 찌들어 다섯 살 정도로 보였던 작은 아이가 키 큰 청년으로 우뚝 서 있는 모습이 왠지 반갑고 대견했다. 카만테 역시 말이 많지 않은 아이였다. 카렌에 대한 헌신적인 그의 마음이 사진 안에 잘 담겨 있는 듯 했다. 카렌을 항상 '음사부'라고 부르며 음사부 말에 순종하며 헌신했다. '음사부'란 상대방을 몹시 존중하며 부를 때 쓰는 아프리카 말의 존칭어였다. 이는 자신을 살려서 사람 노릇할 수 있게 병을 고쳐준 카렌에 대한 예의이고 감사함이었을 거라는 생각을 충분히 느낄 수 있었다.

영화 〈아웃 오브 아프리카〉에서는 대부분 데니스와 카렌의 이야기에만 집중되었지만, 책속에서는 카만테에 대해서 많은 얘기를 하고 있었다. 병마에 곯아서 창백하게 죽어가는 것처럼 보이던 작은 아이 카만테는 카렌의 집에 살면서 카렌의 요리를 담당했다. 그 당시 의학의 힘으로도 병에서 벗어났지만, 카렌이 사람에게 주는 사랑과 배려, 특히 자신의 농장에서 일을 하고 사는 원주민들을 한 가족으로 대하고 그렇게 생각하는 카렌의 사랑이 자신을 병에서 완치시켰다고 키 작은 아이 카만테는 충분히 알고 있었던 것이다.

카렌 또한 그런 카만테에게 애정이 많았던 것 같다. 카만테 어머니하고도 잘 지냈으며, 열려라 참깨라고 주문을 외우는 것처럼 말만 하면 못하는 요리가 없는 카만테라고 칭찬을 아끼지 않았다. '나는 최고의 요리사를 훈련시켜 식민지에 두고 온 것이다. 그는 보통 사람들이 알아보지 못하는 명품이었다'고 책 『아웃 오브 아프리카』에서 회고하고 있었다. 이제는 동굴 문을 여는 암호를 잊어버려 영원히 열리지 않는 문이라고 덴마크에 돌아가서도 카만테의 요리 솜씨에 대해 몹시 아쉬워하였다.


카만테는 병든 몸이 얼마나 고통스러운지 잘 알았기 때문인지 다른 원주민들 환자뿐만 아니라 동물들도 잘 치료했다고 전해지고 있었다. 농장의 개 발바닥에 박힌 가시도 뽑아주고 뱀에게 물린 개를 치료해 주고, 날개 부러진 황새도 잘 보호해 주는 등 카만테는 자신이 받은 사랑을 나름대로 골고루 나누고 살아가는 착한 사람이었다. 그리고 기독교인이 되어서 죽은 시체도 무서워하지 않았다고 한다. 또한 오갈 데 없었던 불쌍한 백인 크누센 영감에게도 마음을 써 주고 그가 죽었을 때도 최선을 다해 주었던 카만테는 카렌의 집에 살면서 결혼도 하고 안정된 생활을 하게 된다. 그리고 카만테는 카렌과 헤어지게 될 거라고 한 번도 생각 해 본적이 없었다. 카렌도 마찬가지였다. 주인과 하인의 관계였지만 그 점을 잘 알고 있었기에 서로 신뢰하며 존중했다.

어린 시절 카만테의 유일한 동무는 양들이나 염소들이었다. 병에 지쳐서 입을 다물고 아주 냉소적으로 변해갔지만, 카렌을 만나서 병에서 해방되고, 결혼하고 아이도 낳아서 가정을 잘 꾸려가는 어엿한 가장이 된 것이다. 카만테는 카렌이 아프리카를 떠나기 전까지 카렌의 주방에서 일을 하며 사람들 속에서 잘 살아갔다.


카렌은 아프리카에서 삶도 사랑했고, 동물도 사랑했었다. 특히 카만테와 새끼 사슴 룰루에 대해서는 애정을 갖는 마음이 많은 것 같았다. 카만테는 병마에서 벗어나자 자신의 엄마가 있는 집으로 가지 않고 카렌의 집에서 머문다. 카렌이 덴마크로 돌아가자, 카만테는 한 달에 한 번 이상 카렌에게 편지를 쓴다. 글을 읽고 쓸 수 없었기 때문에 인도인이나 대필해 줄 사람들에게 대필하게 한다. 그러나 그 편지들은 읽을 수 없는 편지들이 많았다고 한다.

　룰루라는 새끼 사슴도 카렌과 카만테, 그리고 농장 사람들의
사랑을 듬뿍 받는다. 사랑을 받은 사슴은 무럭무럭 잘 자라자
숲으로 보낸다. 그런데 어느 날 사슴이 짝을 지어 아기를 임신
한 상태로 카렌의 집에 찾아온다. 카렌과 카만테, 그리고 하인
들은 기뻐서 어쩔 줄 모르고 신기해한다. 그 다음에도 새끼들
을 데리고 또 내려온 룰루를 보고 한 가족처럼 대하는 카렌과
카만테가 룰루를 얼마나 사랑하고 예뻐하는지 그 마음이 고스
란히 전해졌다. 카만테는 평소에도 동물들을 사랑하고 꽃도 사
랑했다. 선한 마음과 인정 많은 카만테에게 조용히 말을 걸어
보았다.

　"카만테, 당신은 카렌을 만나서 아픈 다리가 나았지요. 가늘
기만 한 다리에 종기가 멈추지 않고 돋아났고 고름이 멈추지
않았던 고통 속에서 포기했던 어린 시절들, 하지만 카렌이 병
이 나을 때까지 책임지고 돌봐줬지요. 그래서 당신은 그 감사
함으로 평생을 카렌을 위해서 살고자 했지요. 당신은 처음엔
음식을 잘 하는지도 몰랐죠. 하지만 카렌이 눈썰미 좋은 당신
에게 음식을 하는 방법을 알려주면 당신은 최대한 집중해서 카
렌이 원하는 대로 했지요. 카렌은 카만테 당신이 집중력이 매

우 높다고 했어요. 그것은 당신이 어린 시절 오랜 병마 속에 놓이게 된 상태에서 좋게 말하면 노인처럼 세상을 달관해 가는 인내를 카만테 당신의 몸이 알아서 스스로 배웠을 거라고 생각한 것 같아요.

카렌은 카만테 당신에게 특별했던 것 같아요. 당신을 처음 만난 순간부터 당신의 병이 완치 될 때까지 물심양면으로 도왔지요. 당신이 병마에서 벗어나 카렌의 집에서 살 때 카렌이 어린 당신을 꾸짖다가도 당신이 눈물을 보이면, 당신이 비록 거짓말을 해서 들통이 났다 해도 그냥 용서가 되고 측은한 마음이 들었다고 해요. 카렌은 평생 아이를 낳지 못했지만 카만테 당신에게 많은 연민과 모성애를 느꼈던 것 같아요. 그런 카렌은 아프리카 원주민뿐만 아니라 룰루도 사랑하고 마당으로 지나가는 구름도 뜨거운 태양도 날아가는 나뭇잎들도 사랑했지요. 그래서 아프리카를 농장을 포기 한다거나 떠난다는 생각을 못했지요. 카만테 당신과는 헤어진다고 생각도 못했지요. 서로 신뢰하며 존중했겠지요. 저도 카렌의 발자취를 찾아다니다 카만테 당신의 사진 앞에 마물러 있어요. 왠지 당신을 오래전에 알았던 것만 같아요. 당신의 모습을 담고 있는 낡은 사진과 금이 간 액자가 자꾸 눈이 가네요.

나이로비의 여름날 오후 햇살을 따갑게 받으며 마법의 둥근 돌 테이블은 카만테 당신처럼 말이 없지만 '저는 음사부를 잊지 못해요. 내가 새라면 날아가서 음사부를 만나고 돌아올 텐데, 나는 음사부가 이곳으로 돌아올 거라고 믿어요'라고 말하는 듯해요.

카만테, 당신의 마음을 인도인에게 대필하게 해서 카렌에게 보낸 당신의 마지막 편지를 오늘은 내가 대신 소리 내서 읽고 있어요."

**Kamande Gatura**

He started his first job,
bottle feeding *Lulu the
bushbuck*. He later
learnt cooking and he
became an excellent
Cook for Karen Blixen.

돌 테이블 옆에 있는 카만테와 새끼 사슴 룰루의 사진,
카렌이 가장 극찬한 주방장이었던 카만테

덴마크 롱스테드 카렌 블릭센 뮤지엄 벽에 걸린 카만테 사진.
사촌이 대신 써준 사진 위의 글은 카렌을 그리워하는 글이다.

케냐 나이로비 카렌 블릭센 뮤지엄 주방에 남아 있는 주방 기구

카렌 블릭센 뮤지엄 주방에 있는 커피 기계

# 4.

## 소말리아 여인들

카렌은 소말리아 여인들 중에 미인들이 많다고 했다. 그리고 그들은 조신하고 정숙하다고 칭찬을 비교적 많이 했다. 카렌은 이곳으로 이주해서 여기의 사람들과 함께 살아야 했기 때문에 그냥 지나가는 말로 하는 칭찬만은 아닌 것 같았다. 카렌의 수족과도 같은 파라가 소말리아인이어서 더 각별했는지는 모르지만, 파라의 장모 얘기도 하고 특히 파라의 아내가 종교에 관심이 많아서 성당에 데리고 다니기도 했다.

파라의 아내 동생 부인도 종교에 심취해서 카렌과 심도 깊은 대화를 나누기도 한다. 카렌은 그 당시에도 여자들이 좋은 곳에 가서 차를 마시고 싶어 하는 심리를 잘 꿰뚫고 있었던 것 같다. 소말리아 여인들은 잔뜩 멋을 부리고 카렌의 차를 타고 이웃 동네 오스트리아인의 집에 가서 차를 마시며 얘기하기도 한다. 어느 일요일엔 더 멀리 있는 성당에 함께 가서 프랑스 신부와 미사를 드리고 함께 차를 마시기도 하였다. 사람은 자신의 공간에서 잠시 벗어나 바깥 구경도 하고 바람도 쐴 때 소소한 행복을 느끼는 것 같다. 소말리아 여자들에게 그런 시간을 마련해 주는 카렌의 모습이 인상 깊게 다가왔다.

케냐 나이로비 카렌 블릭센 뮤지엄 벽에 걸린
소말리아의 여인 그림(복사본)

덴마크 룽스테드 카렌 블릭센 뮤지엄 벽에
걸려 있는 소말리아 여인(원작)

# 5.

## 뻐꾸기시계

카렌은 농장을 지키기 위해서 치열하게 살았지만 엄하고 무서운 농장 주인은 아니었다. 원주민 아이들은 카렌의 집에 들어오고 싶어 자연스럽게 염소를 끌고 와서 농장 마당을 돌아다니며 풀을 뜯기곤 했다. 카렌은 자신의 집이 문명화된 집이라면 아이들이 염소를 끌고 와서 돌아다니는 것을 야생의 삶이라고 생각한 것 같다. 그런 아이들이 문명과 야생의 다리 역할을 해 주었다고 생각하기도 했다.

아이들이 좋아한 것은 식당에 걸려 있는 뻐꾸기시계였다. 아이들은 12시 15분 전부터 뻐꾸기 소리를 듣기 위해서 불안한 마음을 감추지 못한 채 식당으로 조용히 모여들었다. 염소들을 마당 잔디밭에 두고 맨발로 식당으로 걸어왔다고 한다. 카렌이 근엄한 표정으로 주인의 권위를 내세웠다면 아이들은 한두 번 왔다가 집밖으로 물러났을 것이다. 그러나 카렌은 항상 웃으며 자연스럽게 들락거릴 수 있게 내버려 뒀던 것 같다. 때때로 아이들은 더 많이 몰려와서 뻐꾸기시계를 쳐다보며 뻐꾸기가 나타나길 기다렸다. 카렌은 그들의 천진한 눈동자를 있는 그대로 바라보며 그들의 호기심을 순수하고 자연스럽게 여겼다.

또한 아이들은 야생적이었지만 함부로 행동하는 것이 아니라 나름 남의 물건에 손대지 않고 조용히 집안을 자유롭게 돌아다녔다고 말하고 있다. 나무시계 속에서 뻐꾸기가 튀어나와 울어대면 터져 나오는 웃음을 억지로 참고 좋아하는 아이들 모습을 잘 나타내고 있는 것을 보면 카렌은 아이들을 꽤나 좋아했던 것 같다.

케냐 나이로비 카렌 블릭센 뮤지엄에 서 있는 큰 벽시계

덴마크 룽스테드 카렌 블릭센 뮤지엄에 서 있는 큰 벽시계

# # 3장

:

# 1.

## 반딧불이 노트

케냐 나이로비에 유월이 오면 반딧불이가 한두 마리 나타나다, 수백 마리까지 몰려다니면서 환상적인 빛을 발산한다고 한다. 카렌은 반딧불이들이 알 수 없는 우주의 메시지를 알려 준다고 생각한 것 같다. 책에서는 '외로운 별들 같은 반딧불이'가 나타나 파도타기를 한다고 쓰고 있다.

책에서는 남편 브론 폰 블릭센 피네케에 대해서 자주 언급하지 않았지만 카렌은 되도록 이혼을 피하고 가정을 지키려고 애썼다고 한다. 남편 브론 폰 블릭센 피네케는 아프리카에서 결혼 후 가정적이기보다는 밖으로 돌아다녔고 바람도 많이 피웠다. 카렌에게 매독을 옮기는 등 치명적인 병을 평생 남겼다. 농장엔 빚이 많고 둘 사이에 아이도 없었는데 카렌은 그런 남편과 가정을 왜 지키려 했을까, 의문스럽기만 했다. 부부의 모습은 수많은 물결처럼 다양해서 알 수 없다고 하지만, 카렌이 아프리카에서도 일요일 미사는 꼭 참여하는 열심인 카톨릭 신자여서 이혼을 피했을까, 아니면 가정부에게 임신시킨 것이 발각되어 카렌이 열한 살 때에 자살을 택한 아버지를 보고 어떤 일이 있어도 가정에 아버지가 필요하다는 것을 어린 시절부터 느끼고 있어서였을까. 100년 전에 매독은 치명적인 질병이었지만 카렌의 아버지도 젊은 시절 매독을 앓았다는 것을 알아서 그랬는지 카렌은 남자들의 욕구에 대해서 비교적 관용적이었는지도 모른다는 생각이 들었다.

영화 〈아웃 오브 아프리카〉에서는 카렌이 몹시 자유분방한 모습으로 비춰져 이혼을 먼저 요구할 것처럼 느껴지지만, 이혼은 남편 블릭센 남작이 먼저 요구했다고 한다. 블릭센 남작은 나이로비의 부잣집 여인과 재혼을 한다. 그러나 재혼 후 그는 그리 오래 살지 못하고 죽어서 은공언덕에 묻혀 있다. 브로드 폰 블릭센 피네케가 비교적 왜 일찍 죽었는지에 대한 소식은 잘 알려지지 않고 있다.

카렌은 남편 블릭센 남작과 별거에 들어가면서 영국 남자 데니스와 연인 관계가 된다. 그러나 데니스 또한 자유로운 영혼

이어서 농장에 잠시 머물렀다 홀쩍 떠나곤 했다. 데니스가 한 곳에 오래 머물지 못하는 자유로운 사람이라는 것을 이해하고 받아들이면서도, 혼자 남아 있는 시간이 많았던 카렌의 외로움은 반딧불이를 보고 있는 시선에서 물씬 풍겨나고 있었다. 그녀는 혼자 남겨진 시간에 글을 쓰는 등 무료하게 보내진 않았다. 하지만 어느 때는 숨도 쉴 수 없을 만큼 외로워져, 어둔 밤 수없이 떠돌다 사라지는 반딧불이의 작은 불들이 자신의 외롭고 슬픈 영혼의 한 점이라고 생각했는지도 모른다. 그녀는 반딧불이의 빛을 바라보며 '외로운 별과 같다'는 한 마디만 남겼다. 카렌은 언제 어디서고 자신의 감정을 과하게 드러내지 않았다. 극도로 감정을 절제하며 그 때 그 때의 상황을 집중적으로 묘사하고 있었다.

## 2.

## 세상에서 가장
## 오래 추는 춤

　　은고마, 이름부터 아름다웠다. 은공언덕에서 추는 춤
인가 혼자 생각했지만, 그것은 아니었다. 은고마는 아프리카 케
냐의 큰 춤판이었다. 각 부족들이 화합을 하거나 큰 축제 때 추
는 춤이었다. 몇 날 며칠을 두고 추는 춤판이었는데 한번은 카
렌의 농장에서 펼치게 되었다고 한다. 1,000명에서 1,500명이
모여드는 큰 축제라고 소개하고 있다. 나이로비의 말라야(매춘
부)들까지 화려하게 치장을 하고 마차를 타고 구경왔다고 한다.
농장의 커다란 잔디밭에서 추고 또 추는 춤판들, 한낮에는 더
위를 피해서 나무 그늘에 있다가 서서히 해가 기우는 해질녘에
춤판은 다시 시작되고 밤 새워 이어진다고 했다. 그 많은 사람

들 식사는 카렌의 농장에서 제공하나 했는데, 그것은 아니었다. 카렌은 어른들에게는 담배를 주고, 사람들에게 카만테가 설탕한 스푼씩 나누어 주는 것이 전부였다고 한다. 원주민들은 비록 부자는 아니었지만, 무조건 바라기만 하는 사람들은 아니었다. 카렌도 가끔씩 자존심 높은 원주민들을 언급하곤 했다.

원주민들에게 대대로 내려오는 은고마, 전통적인 춤판에 대해서 그들은 높은 자존감을 가지고 있었다. 때로는 젊은 남자들의 춤판이, 때로는 원로 노인들의 춤판이, 젊은 남녀의 춤판이, 부족들과의 대결에서는 춤이 춤을 부르고 있었다. 밤새 이어지는 은고마는 불이 꺼지기 전에 불을 붙이며 새벽을 맞이했다. 춤뿐만 아니라 소리꾼들도 모여들었다. 그 당시 유명한 소리꾼이 있었는데 농장에서 펼치는 은고마에 찾아온 것이다. 그의 소리는 아프리카의 메아리 같다고 표현하고 있다. 시구를 읊는 것 같은 노래가 이어지는 등 종합예술의 무대로 보였다. 그러나 여러 날 춤판이 계속 되면서 마사이족과 키쿠유족의 평소 대립이 싸움으로 번지는 등 사고도 잇따랐다. 그래서인지 나라에서는 은고마 춤판을 막았다고 한다. 또한 이유를 알 수 없지만 은고마 축제를 반대한 백인들도 많았다고 한다.

이런 정황을 볼 때 농장에서 은고마를 펼치게 자리를 제공하는 카렌의 모습은 대범하게 보였다. 타 문화에 대해서 존중하고 있는 그대로 받아들이고 즐기는 모습이었다.

나이바샤 호수에서 멈추지 않고 춤추는, 날개가 큰 새들

# 3.

## 침묵을 배우며

그 당시 케냐에는 극심한 가뭄이 들었다. 농장의 희망은 끝내 사라졌다. 비가 오지 않는 수많은 날이 지속될 때, 원주민들이 침묵하며 견디는 모습을 보며 카렌도 침묵하는 법을 배우게 되었다고 한다. 원주민들의 조상들 또한 이를 수없이 겪으며 다시 살아갔다. 또, 그것을 겪고 있는 숙명 같은 시간 속에서 고구마 몇 뿌리와 옥수수 알들이 빠져나간 빈 옥수수들이 모두 말라 비틀어져도 신에게 불평을 하거나 아프리카 땅에 대해서도 한 마디 불평 없이 침묵으로 일관하는 그들의 태도를 통해서 카렌 또한 최악의 순간을 불평하지 않고 침묵하는 법을 배웠음을 고백하고 있었다.

카렌은 아프리카에서도 틈틈이 글을 썼다. 자신 안에서 끓어오르는 에너지를 침묵으로만 소진 할 수 없어서 글을 쓰기 시작한 것이다. 처음엔 저녁에 글을 쓰다가 아침에도 식탁에서 글을 썼다. 그녀는 동화나 로맨스 같은 소설을 쓰면서 아프리카의 가뭄을 견디고 있었다. 카렌에게 글쓰기는 자신을 위한 보호막이었으며 알 수 없는 미래를 그려보는 일이기도 했다.

카렌에게 아프리카는 커다란 꿈이었다. 큰 꿈을 위해서 아낌없이 애정을 쏟았고 기대 또한 컸다. 그러나 가뭄 앞에서는 어느 누구나 속수무책이었다. 가만히 있으면 농장으로 길게 뻗은 흙길에서 일어나는 먼지 속으로 휘말릴 것 같아 자신을 보호하기 위한 본능에 따라 글을 썼다고 했다. 어떤 상황 속에서도 카렌은 혼자만 살아남기 위함이 아니라, 원주민들과 함께 있으면서 커다란 인내를 동반하는 그들의 침묵을 배우며 아침저녁 글쓰기를 하며 그들과 어려운 시간을 함께 하고 있었다.

# 4.

## 독수리들에게 갑시다

평소에 말수가 적었던 데니스는 자신이 원하는 것은 정확하고도 간결하게 말했다. 데니스는 카렌과 함께 경비행기를 타고 은공언덕으로 오른다. 다른 지역으로 오고 갈 때마다 은공언덕을 지나가는 비행기를 좇아 독수리들도 자주 날아올랐다. 데니스와 카렌이 타고 있는 경비행기 날개와 나란히 날기도 했던 독수리들을 보고 데니스가 허공에서 잠시 엔진을 멈추면 독수리들은 날카롭게 울었다고 표현하고 있다.

데니스는 카렌에게 직설 화법으로 말할 때도 있었겠지만 어느 날은 간접 화법으로, '우리 두 사람처럼 자유롭게 사랑하고 자유롭게 날아오르는 독수리들을 보러갑시다'라고 그만의 사랑 화법으로 카렌에게 표현했다.

자유를 갈망하고 허공을 날아오르는 독수리들도 두 사람을 닮았고, 날카로운 독수리의 눈빛 또한 세상을 바라보는 자신들의 눈빛과도 닮았다고 생각하였는지, 데니스는 오후의 따가운 햇살을 받으며 '독수리들에게 갑시다'라는 한 마디를 툭툭 던지곤 했다.

언덕을 날아가는 새

은공언덕에 있는 데니스 묘지 안에 있는
울창한 나무들과 화초들

NAIVA SHA — 책

5.

## 나이바샤 호수

나이바샤는 나이로비에서 자동차로 두 시간 이상 걸리는 거리에 있었다. 나이바샤 호수를 찾아가게 된 것은 홍학 떼를 보러 가기 위해서였다. 영화 〈아웃 오브 아프리카〉에서 날아가던 홍학 떼를 실제로 본다는 설렘은, 사실 숨길 수가 없었다. 데니스와 카렌이 경비행기를 타고 날아갈 때, 비행기 아래 넓고 긴 호수 가운데 섬처럼 있다가, 비행기가 날아가자 수천수만 홍학 떼들이 날아오르던 모습은 아프리카를 동경하게 만들었던 장면이기도 하다.

아침부터 서둘러 나이바샤 호수에 도착했다. 호수는 크고 아름다웠다. 호수 주변에 있는 나무들은 죽은 채로 서 있었다. 회색으로 변한 나무들 위엔 철새들이 앉아 있었다. 홍학 떼를 보기 위해서 보트를 타고 넓은 호수로 나아갔다. 그러나 홍학들은 없었다. 정말 한 마리도 없었다.

5년 전까지만 하여도 영화에서처럼 홍학들이 가득 차 있었다고 했다. 그러나 언제부턴가 호수에 물이 차오르자 홍학들은 다른 지방으로 날아가 버렸다고 한다. 호수에 물이 가득 차면 물이 깊기 때문에 홍학들이 먹이를 잘 찾아먹기 어렵다고 했다. 홍학들은 긴 다리로 서서 먹이를 먹기 때문에 물이 깊지 않는 호수로 날아가 버린 것이다.

보트를 타고 호수 중간쯤 가자, 펠리칸 두 마리가 떠다니고 있었다. 나는 자연스럽게 데니스와 카렌의 환영이라고 생각했다. 홍학들은 모두 사라졌지만, 경비행기를 타고 다니던 시간을 생각하면서 데니스와 카렌이 넓은 호수를 떠다닌다는 생각이 들었다. 둘이는 생전에도 자유롭게 만나고 데이트 하였듯이 이 세상을 떠난 뒤에도 호수에 내려와서 자유롭게 지내는 것만 같았다.

케냐 나이바샤 텅빈 호수에 떠다니는 두 마리의 펠리카나

나이바샤 호수 빈 가지 위에 앉아 있는 새 두 마리

해가 지고 있다

마른 잎이 흔들린다

모래알이 날아든다


어둠이 빠르게 내려온다

가망 없이 반짝이며

오래된 비가 가까이온다


새들이 물 위를 떠다닌다

돌아가지 않는다

# # 4장

:

# 1.

## 우리의 무덤으로

카렌은 누구보다도 열정적으로 아프리카를 사랑했다. 사람뿐만 아니라 동물과 수많은 꽃들도 사랑했다. 그래서일까. 한 번도 아프리카를 떠나 다른 곳으로 옮겨가야겠다고 생각하지 않았다고 한다. 어느 날 은공언덕에 묻히고 싶다는 생각을 우연히 데니스에게 말하게 된다. 농담조였지만 데니스도 카렌이 묻히고 싶어 하는 은공언덕에 묻히고 싶다고 진심으로 말했던 것 같다.

그러나 사람의 의지와 뜻대로 안 되는 것이 우리 삶의 한 형태라고 하는 것처럼, 카렌도 예외는 아니었던 것 같다. 그랬기 때문에 『아웃 오브 아프리카』라는 책이 나왔는지도 모르지만……. 카렌의 발자국을 찾아다니면서 진정한 실패가 무엇인지, 그것에 관한 질문을 자연스럽게 하게 되었다.

눈앞에 펼쳐진 빚더미에 농장이 팔리고도 뼈를 아프리카에 묻고 싶어 했던 카렌. 그러나 그런 의지와 상관없이 다시 덴마크로 돌아가는 카렌의 삶을 성공으로 보는 사람들은 그 당시엔 없었을 것이다. 가족들도 더 잃기 전에 돌아오라고 말했다. 그렇게 농장이 망해서 덴마크로 돌아갔기 때문인지 카렌은 오래도록 글을 쓰고 작가로서 평생을 보내게 된다.

특히 데니스가 사고로 죽었을 때, 은공언덕에 묻히고 싶다고 지나가듯이 나누었던 말을 기억해 내고서 그대로 실천에 옮기는 카렌의 모습은 몹시 용감하게 보였고 참 믿음직스럽게 보였다. 데니스가 복이 많다는 생각이 들기도 했다. 갑자기 사랑하는 사람이 주검으로 나타났을 때 어떻게 해야 할지 모르게 되는 것이 일반적이다. 그리고 정식으로 데니스와 결혼한 것도 아니기 때문에, 데니스의 죽음 앞에서 데니스 가족에게 먼저 알리고 데니스 가족들 의사에 따를 수도 있었겠지만, 둘이서만 나눴던 대화를 믿고 큰일을 치르는 카렌의 모습은 대담하고 감동적이었다. 데니스의 무덤을 파고, 데니스의 장례를 잘 치르고, 그리고 매일 데니스의 묘지를 돌보는 카렌의 손길이 크게 보였다. 사람이 큰일을 당하면 마음이 커진다고 한다. 그래서인지 카렌은 자신의 직관을 믿고 행동하는 것 같았다.

정작 데니스이 무덤에 가 보니, 그 무덤의 장소와 무덤이 정말 데니스와 잘 어울린다고 느껴졌다. 나무가 울창한 은공언덕 위에 우뚝 솟아있는 탑이 바로 데니스의 무덤이었다. 일자로 된 뾰족한 탑은 데니스의 친 형이 만들었다고 한다. 묘지 둘레에는 꽃들이 피어있었다. 새들이 데니스를 대신해서 날아다니고 멀리는 나이바샤 호수도 보일 것 만 같은 곳에 누워 있는 데니스, 카렌의 집이었던 뮤지엄으로 사람들이 찾아가는 모습도 보고 있을 것 같았다. 은공언덕에서 영원히 잠들어 있는 데니스가 가장 좋은 곳에서 잠들어 있다는 생각이 들었지만 일자모양의 뾰족한 탑은 왠지 고독하게 보였다.

케냐 나이로비 은공언덕에 있는 데니스의 묘

데니스 묘비명

## 2.

## 데니스의 방

　데니스가 돌아오면 머물렀다는 방문을 열자 카렌의 남편이었던 남작 블릭센의 사진이 왼쪽 벽에 걸려 있었다. 옷장에는 케냐에 도착해서 카렌과 그가 입고 결혼식을 올린 예복이 걸려 있었다. 까만 롱부츠에 카키색 바지와 아이보리색의 옷 두 벌이 카렌과 남편의 예복을 짐작하게 하였다. 그리고 창문이 있는 벽에는 데니스 사진이 걸려 있었다. 바로 앞에 데니스가 살아생전에 메고 다녔던 갈색 가방이 걸려 있었는데 지금도 메고 다녀도 손색이 없어 보이는 갈색 가죽 가방이었다.

　방문을 열자마자 한눈에 보이는 데니스의 사진이 걸려 있는 방을, 박물관에서 안내해 주는 사람이 데니스의 방이라고 했지만, 처음에는 남편이었던 남작 블릭센의 방이었을 거라고 짐작을 했다. 자주 집을 비웠던 카렌의 남편, 가정적이기보다 농장을 카렌에게 맡겨 놓고 바람처럼 자유로웠던 카렌의 남편이 집을 찾아올 때는 이 방에 짐을 풀고 지내다 가지 않았을까, 라는 생각이 들었다. 카렌과 이혼하고 다른 사람과 결혼하여 농장을 떠나버린 남편이 쓰던 빈방을 자연스럽게 데니스가 사용했을 것 같았다. 그는 카렌과 지내면서 이 방에 짐을 두고 사파리를 떠났고, 또다시 이 방으로 돌아와서 지냈을 것이라고 짐작해 보았다. 카렌과 인연이 깊었던 두 남자가 지내던 방은 크지도 않고 작지도 않은 방으로 생각보다 소박했다. 일인용 싱글 침대 아래 바닥에 깔린 사자의 껍질이 털을 붙인 채 누워 있었다. 주인들이 떠난 방에는 오후의 햇살이 흰 망사 커텐을 뚫고 들어왔다. 나는 구경 온 사람들이 하나둘씩 모두 빠져 나가자 데니스에게 가만히 말을 건네 봤다.

"요즘도 이 방에서 잠자는 꿈을 꾸나요? 당신과 카렌의 전 남편은, 이유가 어찌 되었든 카렌을 좋아했고 사랑을 했지요. 당신은 카렌의 남편에게 질투 같은 것은 없었나요. 어쩌면 카렌이 당신을 만날 때는 남편과의 가정생활은 거의 파탄이 났고 회복하기 힘든 시기였겠지만, 또한 우리 한국 사회와 문화가 달라서 당신은 카렌과 동거 비슷한 것을 할 때에 영국 왕자의 사파리 여행 때 카렌의 전 남편에게 도움을 청해 함께 가기도 했지요. 두 남자 다 자유로운 영혼이어서 어쩌면 감정의 골이나, 기분 나쁜 이미지는 서로에게 못 느끼고 있는지도 모르겠네요. 다른 사람들이 어찌 생각하든 당신과 카렌이 잘 어울린다고 생각해서 물어본 말이에요.

아프리카 케냐 나이로비는 생각보다 서늘한 날씨에 놀랐어요. 한국의 겨울이 케냐의 여름이어서 몹시 더울 거라고 생각했지만 이곳의 초겨울이 아닌가라고 생각 할 정도로 날씨는 아침저녁 쌀쌀하고 낮에만 약간 더울 뿐이에요. 요 며칠간은 밤마다 비가 와서 더 놀랬지요. 아프리카에는 비가 대부분 안 올 거라고 서울에서 생각했어요. 아프리카라고 하면 무조건 뜨겁고 한낮에는 견딜 수 없을 만큼 더울 거라는 고정관념이 날씨에서부터 깨졌어요. 온통 푸르다 못해 짙푸른 케냐의 언덕과 나무숲들을 보면서 특히 은공언덕의 울창한 숲을 보면서 일반적인 고정관념에서 벗어나게 되었어요. 카렌의 책을 읽으면서 당신에 대한 이야기가 나오는 대목들을 더 집중해서 읽었지요. 카렌은 데니스 당신이 배려심이 많고 남의 얘기를 경청할 줄 아는 사람이라고 소개 했어요. 카렌의 이야기뿐만 아니라 원주민들의 얘기도 무시하거나 대충 듣는 것이 아니라 아프리카의 원주민들을 잘 대했다고 했어요. 당신의 태도가 그들을 존중하고 있다는 것을 잘 보여주고 좋은 예라고 말하고 있었어요. 그래서 백인들도 이곳 원주민들도 당신을 대부분 좋아한다고 했었죠.

당신이 사고로 갑자기 죽었을 때 아주 멀리서 당신을 찾아와 애도한 상황들을 아주 구체적으로 말하고 있었어요. 아프리카 부족들마다 다른 모습의 애도 방식, 무슬림의 애도 방식을 아주 소상히 전했지요. 아마도 카렌은 당신의 인품이 어떠했는지에 대해서 나름대로 많이 알리려고 했던 것 같아요. 또한 당신을 갑자기 잃어버린 상실의 큰 아픔을 애도하는 사람들 속에 카렌의 슬픔도 함께 묶어서 전하지 않았나 싶었어요.

이것은 순전히 저의 개인적인 생각이지만 데니스, 당신이 인품이 있는 남자여서 좋아 보였어요. 경비행기에 카렌을 태우고 이 세상에서 가장 멋진 데이트를 했던 남자여서 좋았어요. 대부분 일반적인 통념으로 나쁜 남자를 만나면 또다시 나쁜 남자를 만날 확률이 높다고들 해서인지, 카렌의 남편이 스쳐갔어요. 하지만 살아있을 때 멋지게 사랑할 시간이 주어졌을 때 미루지 않고 사랑하고 즐기던 데니스 당신이 멋져 보였어요. 지금의 시점은 21세기지만, 아무나 경비행기를 타고 데이트를 못하죠. 경비행기를 타고 데이트를 하는 멋진 모습도 부인할 수 없지만, 그에 앞서 서로의 좋은 시간을 맘껏 즐기며 보내던 모습이 자유스럽고 편안해 보였어요.

영화에서는 오로지 당신과 카렌의 로맨틱한 장면에 집중해서 남녀 간의 로맨틱한 사랑이 전부인 것처럼 보이지만, 책을 읽고 케냐 나이로비에 와서 당신과 카렌의 흔적들을 찾아다니면서 현실에 충실한 당신의 모습, 오늘을 열심히 살아가는 모습을 발견했어요. 때때로 카렌과 아프리카와 국제정세에 대해서도 거침없이 말을 했지요. 평소 크게 떠드는 사람이 아닌 당신이지만, 예를 들어서 카렌이 아프리카의 미래를 위해서 학교를 지어 많은 사람들이 서구의 교육을 받아 더 잘 살아야 한다고 의견을 펼치면, 어쩌면 이곳 원주민들의 전통적인 방식을 있는 그대로 받아들이고 손대지 않고 바라봐 주는 것이 원주민들을 더 존중해 주는 방식이라는 당신의 생각을 피력했지요.

당신은 인성과 자연을 동시에 봤던 것 같아요. 서구의 교육이 우리 삶은 발전시키고 무지에서 깨어나게 해 주지만, 어느 순간에 자연도 인간성도 훼손시키고 있다는 것을 뒤늦게 보게 되었잖아요. 데니스, 당신은 먼 앞날까지 보고 있는 눈이 밝은 사람이었다고 생각했을 때, 오후의 햇살이 당신 방을 더 훤히 비춰주고 있었어요."

케냐 나이로비 카렌 블릭센 뮤지엄에 있는 데니스의 방

데니스의 방에 있는 짐승의 발 모양인 작은 탁자

# 3.

## 데니스의 무덤으로
## 가는 길

밤새 비가 내렸다. 오전에도 가랑비가 그치지 않아서 길은 미끄러웠다. 케냐의 여름은 비가 자주 내렸다. 도로마다 크고 작은 웅덩이가 많았다. 아스팔트가 아닌 흙길은 흙탕물이 흘러내려서 자동차가 다니기엔 몹시 불편했다. 카렌 블릭센 뮤지엄에 다녀오고 나서 오늘은 데니스의 무덤에 가보고 싶었다. 비가 멈추지 않자 불안한 마음이 생겼지만 운전하는 현지인과 둘이서 가보기로 했다.

은공 지역은 넓었다. 카렌의 집이었던 뮤지엄보다 훨씬 높은 곳에 있는 데니스 무덤을 찾기란 쉽지 않았다. 현지인 기사도 초행길이라 많이 헤맸다. 사거리에서는 어느 길로 가야 할지 몰라서 데니스 무덤으로 가는 길을 물어 봤지만 사람마다 다르게 알려 주었다. 데니스 무덤으로 가는 길은 흙길로 가다가 아스팔트길이 나왔고 다시 흙길로 이어졌다. 한참을 가는데 총을 들고 있던 군인이 차를 멈춰 세웠다. 몹시 두려웠다. 기사가 밖으로 나가서 뭐라고 얘기하더니 2,000실링(2만 원)을 달라고 했다. 군인에게 쥐어주자 총 든 군인이 웃으면서 자동차 앞자리에 탔다. 자신이 가이드를 해준다고 한다. 나는 몹시 불편했다. 돈만 받았으면 그만이지 왜 원치 않는 친절을 베푸는지, 하지만 총도 군인도 너무 무서웠기 때문에 웃으면서 만나서 반갑다고 인사를 청했다. 그리고 차는 흙길을 한참을 달렸다. 잠시 차를 멈추고 총 든 사람이 지나가는 누군가와 얘기하자, 현지인 기사가 총을 든 군인은 산림을 보호하고 지키는 사람이라서 안심해도 된다고 여러 번 안심시켜 주어 마음이 안정되었다. 마을과 집들이 숲속에도 있었다. 아이들이 길거리에 많이 나와 있었다. 자동차가 지나가는 길이 마사이 마을이라고 했다.

데니스가 죽었을 때, 데니스가 지나가는 말로 자신은 아프리카에서 생을 마치고 싶고 아프리카에 묻히고 싶다고 말했던 그의 말이 순간 떠올라 카렌은 은공언덕에 데니스 무덤을 만든 것이다.

은공언덕에 묻히고 싶다고 먼저 말을 꺼낸 사람은 사실은 카렌 블릭센이었다. 카렌은 아프리카로 온 이후부터 아프리카에 푹 빠져들었다. 그만큼 아프리카를 사랑했다. 농장의 주인 의식도 높았지만, 원주민들과 합리적으로 잘 지내려는 노력을 아끼지 않았고 방문하는 백인들과도 대체적으로 잘 지냈다. 카렌은 나이로비에 극심한 가뭄이 들어서 농장의 많은 것들이 타 죽을 때 자신의 애 간장이 타는 듯한 고통을 호소하기도 했다. 카렌은 아프리카에 대해 애정이 많아 생의 마지막까지 아프리카에서 살다가 이곳 은공언덕에 묻히기를 희망하고 있었다. 하지만 데니스만 은공언덕에 묻혔고, 카렌은 덴마크 룽스테드 자신의 집 뒤에 있는 나무숲 속에 묻히게 되었다.

데니스 무덤을 찾아가는 길은 쉽지 않았다. 은공언덕이라고 해서 쉽게 찾을 줄 알았다. 만약에 나 혼자 택시를 타고 왔으면 못 찾고 되돌아갔을 것 같다. 함께 간 현지인 운전기사도 지나가는 사람에게 정말 많이 물어보면서 겨우 찾을 수 있었다.

책에서는 데니스의 무덤에서 농장을 바라보면 멀리 있는 농장이 작은 점처럼 보이고, 둘레에는 마사이마라 마을로 펼쳐지는 들판들이 보이는 곳이라고 써 있다. 그러나 나무들이 울창하게 숲을 이루고 있어서 카렌의 집이었던 뮤지엄의 붉은 지붕 한 점도 전혀 보이지 않았다. 드디어 무덤 근처에서 차가 멈추었다. 그러나 무덤으로 들어가는 문은 열쇠로 잠겨 있었다.

열쇠로 잠겨 있는 데니스 무덤의 입구

데니스 무덤이 있는 은공언덕

4.

## 은공언덕


열쇠를 가지고 올 사람을 기다리면서 무덤을 쳐다보았다. 무성한 잎사귀를 달고 있는 나무 울타리, 그 위를 덮고 있는 덩굴손들이 작은 꽃을 달고 있었다. 데니스 무덤을 보호해야 한 듯이 푸른 잎으로 둘러싸인 울타리는 견고하게 보였다.

흰 꽃으로 된 큰 리본을 머리에 꽂은 여자가 열쇠로 문을 열어주었다. 나는 데니스 무덤이 있는 안으로 들어갔다. 그곳에는 자유로운 영혼을 지녔던 데니스가 고독하게 서 있었다. 그는 시멘트로 만든 일자형의 뾰족한 탑으로 서 있었다. 무덤 앞에는 많은 꽃들이 피어 있었다. 붉은 꽃잎 몇 장이 바닥에 누워 있었다. 나는 사진 찍는 것을 멈추고 데니스의 목소리를 들었다. 데니스가 말했다.


"왜 이제 왔어요. 카렌."

나는 카렌이 아니라고 말하려다 그냥 그의 말을 잠자코 듣기로 했다.

"카렌, 당신은 참 오래 살았지요. 당신의 책이 영화로 만들어져서 우리의 순간들이 세상 사람들에게 많은 얘깃거리가 되어서 나도 나쁘지 않았어요. 그러면서 당신이 한번쯤 나를 찾아올 거라고 기다렸어요.

지나가듯이 했던 나의 말을 기억하고 이곳 은공언덕에 당신이 무덤을 만들어 줬잖아요. 지금도 고맙게 여기고 있어요. 카렌, 당신에게 이곳은 너무 아픈 곳이었나요. 그런 당신을 이해하기도 해요. 당신은 농장을 위해서 열심히 살았지요. 하지만 결국 농장을 운영할 수 없게 되었을 때 당신이 나에게 털어났던 고민들, 농장의 소작인들을 어떻게 살게 해 주고 떠날 것인지, 많은 살림들을 처분 하고 싶은데 잘 안되어서 나에게 했던 말들이 떠오르네요.

그래도 한번은 당신이 살아 있었을 때 나를 찾아올 거라고 믿고 기다렸어요. 당신이 그렇게 원했던 결혼식을 아주 간소하게 둘이서라도 했으면 당신이 얼마나 좋아 했을까, 라고 후회

했어요. 미안해요. 지금도 후회하고 있어요. 당신은 화려하면서도 화려하지 않은 면이 있었지요. 늘 나를 배려해서 나에게 많이 맞추어 주었지요. 이곳 은공언덕에서 풀꽃을 들고 와인 한 잔 마시면서 우리 둘만의 언약식을 했어도 당신은 많이 행복해했을 사람인데, 이렇게 후회하면서도 당신을 기다렸어요. 세월이 많이 지나 당신 나이가 오십이 지나서 많은 것을 용서하고 품을 수 있을 때 나를 찾아 올 거라고 믿고 있었어요.

그러나 당신은 이 세상을 떠난 후에 나를 찾아왔네요. 그래도 반가워요. 여전히 당신은 밝고 아름다워요. 당신이 누워 있는 덴마크 룽스테드는 춥지 않나요? 당신은 늘 서늘한 은공언덕의 바람을 좋아 했지요. 빗방울이 바람에 날릴 때 커피나무 흰 꽃들이 분필가루가 흩어지듯 희부옇게 흩날린다고 할 만큼 당신의 표현들은 뛰어났어요. 당신이 쓴 책들이 영화로 만들어져서 숲속에 갇혀 있는 나를 가끔씩 찾아오는 사람들이 있어요. 솔직히 당신 덕분이죠. 당신이 나의 이야기를 책 곳곳에 소개했으니까요. 카렌, 나는 은공이라는 어휘가 마음에 들어요. 당신 또한 은공을 좋아 했지요. 은공은 우리 두 사람에게 지상에도 천상에도 어디에도 없는 우리의 아이 같다는 생각이 들기도 해요."

5.

# 결코 떨어뜨릴 수
# 없는 한 방울

목요일 점심때가 지나도 데니스는 나타나지 않았다. 기다리다 못한 카렌은 무슨 소식이 있을 지도 모른다는 생각으로 나이로비 시내로 나간다. 카렌은 불안이 극도로 과열되어도 직접적으로 자신의 감정을 쏟아내지 않는 편이었다. 그러나 전쟁 중에 독일군을 도왔다는 오해를 받고 나이로비에서 난처하게 되었던 순간들, 회복할 수 없는 상태에 놓이게 된 농장의 고민으로 고립감이 솟아올라 자신을 덮쳐서 두렵고 끔찍한 광기로 휘둘리는 것 같았다고 과거를 회상하면서 데니스가 오지 않는 불안감을 애둘러 전하기도 했다.

나이로비에서 자주 가던 상가, 찻집, 레스토랑, 양장점 등에서 사람들이 카렌의 눈빛을 피했다. 누구하나 말을 건네지 않는 고립감이 광기처럼 몰아쳐 카렌은 미쳐버릴 것 같았다고 직접적으로도 쓰고 있었다. 그녀는 자신을 피하며 어두워지는 주위 사람들의 표정들을 보면서 데니스의 사고를 직감했던 것 같다. 나이로비 시내에서 잘 지내던 맥밀런 부인에게 데니스의 사고를 직접 전해 듣는 순간 '내가 생각했던 대로였다'는 책 속의 아주 짧은 한 마디로 심경을 담고있다. '내가 생각한 대로'. 이 짧은 말로 카렌은 데니스의 사고를 이미 짐작했음을 대신하고 있었다.

'살아만 다오. 다리가 부러져도 팔 다리를 못 쓴다 하여도 살아만 다오. 척추를 다쳐 평생 휠체어 신세를 진다해도 제발 살아만 있어 줘, 데니스. 당신의 팔다리가 되어 줄게. 평생 당신 옆에서 당신을 보살필 테니 제발 살아만 있어 줘요. 어쩌면 나에게 행운인지도 몰라요. 새처럼 자유롭게 살았던 당신, 이제는 내 옆에서 어디도 안 가고 둘이서 오손도손 얘기할 수 있는 시간이 생긴다면 나에겐 행운일지도 몰라요. 떠나고 싶을 때 언제 어느 때고 훨훨 날아가 버리는 당신, 그런 당신을 웃으면서 보내고 끝없이 기다릴 때 내 몸속의 세포들이 고독을 주렁주렁 달고 있었어요. 그러나 당신을 한 번도 원망한 적 없었어요. 당신을 기다리며 이해하며 고독은 내 몫이라고 생각했어요. 데니

스, 제발 살아만 있어요. 당신을 평생 돌볼 수 있어요. 숨만 쉬어도 좋으니 제발 살아만 있어요.'

카렌의 이런 속마음이 '내 생각 대로'라는 단 한 구절에 모두 녹아 있는 것을 보면 카렌은 사고도 직감했던 것 같다. 그러나 밖으로는 한 방울도 흘러나오지 않았다.

데니스가 돌아오기만을 기다린
카렌의 길어진 목과 기린의 긴 목이 닮았다고 느껴졌다.

그리고 넓은 나이바샤 호수에 혼자 남겨진 새,
데니스를 기다리는 카렌과 비슷하다고 생각되었다.

# # 5장

:

데니스의 죽음

은공에서 반짝이는 흰 점

담벼락에 등을 대고
손등을 땅에 붙이고
천으로 머리를 감싸고

카렌의 목소리

마지막, 오늘

# 1.

## 데니스의 죽음

'다음 목요일 점심 전에 올 거요.' 그렇게 말을 한 데니스는 경비행기에 오르려다 말고 다시 와서 평소 자주 읽던 시집을 펼쳐들고 카렌에게 읽어준 후 멀리 날아갔다. 바람이 불고 날이 굼틀거렸지만 데니스를 크게 걱정하는 사람은 없었다. 데니스는 경비행기의 실력자로 아프리카에 널리 알려져 있었다. 또한 아프리카를 잘 이해하고 잘 아는 사람들 중의 하나였기 때문이다. 그러나 다른 때와 조금 달랐던 점은 카렌이 함께 떠나고 싶어 했을 때 데니스가 극구 말렸다는 것이다. 데니스가 떠난 날 비행하는 일정에는 어려운 코스도 있었기에 데니스의 반대가 심했다고 한다.

그러나 데니스는 평소에 잘 지내던 사람에게는 함께 가자고 여러 번 말했다고 한다. 하지만 그 사람이 싫다고 거절했고, 데니스는 자신의 하인과 함께 비행에 올랐다. 그들은 목요일 아침, 일을 마치고 나이로비 농장으로 돌아가려고 방향을 잡던 순간 나뭇가지에 걸려서 추락하고 만다. 경비행기는 불길에 휩싸였다. 사람들이 나뭇가지로 겨우 불을 껐을 때는, 두 사람 모두 죽어 있었다.

나무 꼭대기에 혼자 서 있는 까만 새의 모습이
이 세상을 떠나지 못한 데니스의 영혼처럼 다가왔다.

비행기와 함께 불에 탄 나무처럼 느껴졌던 호수
가운데서 죽어 있는 나무

## 2.

## 은공에서
## 반짝이는 흰 점

데니스가 탄 비행기 항공사에서 사고 경위를 밝히고
자 한다는 소식을 들은 카렌은 함께 사고 현장에 가보고자 했
다. 당시에는 데니스의 장례를 어떻게 치를지 생각도 하지 못
했다. 그러다 순간 데니스가 지나가듯이 은공언덕에 묻히고 싶
다고 했던 말이 떠올라, 카렌은 은공언덕에 데니스의 무덤을
만들려고 분주하게 움직였다. 전날부터 비가 내렸고 안개비로
변해가는 숲속에서 한치 앞도 분간할 수 없었는데 산 아래에
붉은 점이 보였다고 한다. 카렌의 집이었다. 카렌은 자신의 집
이 붉은 점처럼 보이는 곳에 데니스의 무덤 자리를 만들고 그
곳에 무덤을 파게 했다.

정오가 지난 이른 오후, 데니스를 싣고 온 차가 멈췄다. 국기에 덮인 관은 작게 보였다고 한다. 카렌은 자신의 감정 한 점도 드러내지 않은 채 묘지를 파고 데니스가 들어 있는 관을 묘지에 안치하는 모습과 멀리서도 찾아온 문상객들을 구체적으로 묘사만 하고 있다.

데니스는 아프리카를 자신의 눈과 가슴으로 받아들여 아프리카를 자신의 일부로 만들었지만, 이제는 아프리카가 데니스를 아프리카의 신체 일부로 받아들인다고 담담하게 밝히고 있었다. 카렌의 집에서 데니스의 무덤까지는 직선으로 8키로 밖에 안 되지만, 도로가 난 길 돌아가면 24키로의 거리여서인지 카렌의 뮤지엄에서 데니스의 무덤은 어디에도 보이지 않았다. 그러나 카렌은 그 당시 자신의 집에서도 데니스의 무덤이 보일 수 있게 흰 천을 사방 1m 정도 잘라서 무덤의 위치를 표시했다. 무덤 뒤에 기둥을 세 개 박아서 파라와 함께 흰 천으로 고정 시킨 것이다. 카렌은 집에서 은공언덕을 바라보면 푸른 나무숲에 흰점이 또렷이 보였다고 했다.

이제는 데니스가 멀리 사파리로 떠날 일도 없고 경비행기를 타고 가서 혹시 사고가 날까 마음을 조리지 않아도 된다고 혼자서 중얼거렸는지도 모른다. 데니스가 카렌의 눈에 잘 뜨인 지점에서 평온히 잠을 자고 있었기 때문일 것이다. 이른 아침

눈을 뜨고 커텐을 젖히고 창을 열면, 흰 점이 아침 해를 받아 반짝 거렸을 것이다. 데니스도 아침에 눈을 뜨면 카렌의 창을 바라볼 것이라고 생각했을 것 같다.

 "안녕, 데니스 잘 잤나요. 숲속은 춥지 않아요?" "카렌 왜 당신의 손이 내 손보다 더 차가울까요?" 서로에게 안부를 물으며 아침부터 얘기를 할 때도 있었고, 하루를 마무리할 해 질 녘에 카렌은 다시 은공에서 반짝이는 흰 점 하나를 봤을 것이다. 한낮에도 말없이 그 흰 점을 바라보는 순간들이 많았을 것이고, 때로는 어두운 밤중에도 창을 열고 안 보이는 시커먼 은공언덕을 바라보곤 했을 카렌, 아프리카에서 있는 동안 서로 말없이 바라보는 자체가 대화였을 것이다. 케냐에 오랜 가뭄이 들 때 원주민들은 침묵으로 고되고 힘든 시간을 견디었다고 한다. 어쩌면 데니스와 카렌도 원주민들이 했던 침묵을 스스로에게서 발견하는 시간이었는지도 모른다. 그들의 침묵이 새벽안개처럼 희부옇게 베어 나오는 것만 같았다.

데니스의 묘지가 있는 은공언덕에서 카렌의 집은 보이지 않았고,
카렌의 넓은 마당에서도 은공언덕은 몹시 아득했다.

## 3.

담벼락에 등을 대고
손등을 땅에 붙이고
천으로 머리를 감싸고

데니스를 기억하는 사람들 대부분은 운둔적인 삶을 살았던 데니스의 모습에서 새로운 삶의 의미를 느끼게 하는 묘한 기운이 있었다고 회상하곤 했다. 데니스가 죽었다고 소문이 나자 그의 사파리 하인들과 데니스를 평소에 알고 지내던 사람들이 아주 멀리서도 찾아왔다고 한다. 그들은 왜 찾아왔는지에 대해서도 말이 없었고, 무엇을 청하지도 않은 채 담벼락에 등을 대고 손등을 땅에 붙이고 앉아 있었다. 카렌은 그들의 애도 방식을 『아웃 오브 아프리카』에서 밝히고 있다. 고인에 대한 존경과 사랑을 온 몸으로 표현한 것이다. 하룻밤 그런 모습으로 보내고 간 것이 아니라 일주일가량 농장에서 말없이 애도를 표하고서 소리 없이 떠나갔다고 카렌은 말하고 있다.

또한 소말리아인들도 찾아왔는데 소말리아인들은 머리를 천으로 감싸는 방식을 통해서 그들만의 애도 방식을 나타냈다고 한다. 나이로비에서 살던 소말리아인들도 대부분 머리에 천을 감싸고 찾아왔다. 아주 멀리 떨어진 나이바샤, 길길, 엘멘테이타 등지에서도 데니스를 애도하러 왔다고 한다.

데니스의 상을 치르고 난 후, 어느 여름 날 오후 데니스와 친분이 두터웠던 세이크 알리번 살림이라는 아랍 사람이 몸바샤에서 찾아와서 데니스 무덤에 누워 울었다고 얘기하고 있다. 하지만 카렌 자신은 한 방울의 눈물도 보이지 않는다. 데니스의 아랍 친구가 아랍의 애도 방식으로 무덤에 누워 울었다고 알려주는 대목에서 카렌은 마음속으로 하루에도 수없이 무덤에 누워 온몸으로 울었다는 울음으로 다가왔다. 소리 없이 울었을 카렌의 마음이 읽혀졌다.

눈물 한 방울도 몸 밖으로 흘려보내지 않는 카렌은 거의 매일 데니스의 무덤을 찾는다. 여름에 비가 자주 내리는 나이로비 은공언덕에 풀이 무성하게 자라자 무덤의 형체가 사라질까 봐 집에 있던 돌들을 싣고 무덤 주위를 따라 반듯하게 놓아서 무덤 자리가 선명하게 했다. 하인들과 함께 데니스의 무덤을 자주 찾게 되어 하인들도 데니스 무덤을 쉽게 찾고 무덤과 친

근하게 되었다고 한다. 이는 카렌이 농장을 떠나고 난 후에도 하인들이 데니스 무덤을 자주 찾을 것이고, 데니스의 친구들이 찾아오면 쉽게 안내할 것이라는 기대와 함께, 꼭 그렇게 해 주라는 카렌의 마지막 당부가 간절하게 서려 있다고 보여졌다.

케냐 나이로비 카렌 블릭센 뮤지엄에 있는 터번을 쓴 남자들의 사진

4.

## 카렌의 목소리

은공은 카렌이 살고 있는 거실에서 잘 보이는 산봉우리 이름이다. 나중에 이 산봉우리에 전 남편을 묻고, 그 다음은 그녀가 다시 결혼하고 싶었던 남자 데니스를 은공 중간쯤에 묻는다. 두 남자가 묻혀 있는 은공을 거실이나 침실 창문 넘어 바라보는 카렌 블릭센의 심정은 어땠을까, 시시때때로 밀려오는 상실을 어떻게 견뎠을까. 그런 카렌의 목소리를 잠시 들어본다.

'이른 아침이었다. 아프리카 케냐를 떠나는 날까지 옆에 있었던 파라, 말 그대로 나의 수족과 같은 역할을 해 준 파라가 마당에 떨어진 큰 잎사귀와 덤불들을 태우고 있다. 창밖으로 연기가 날아가고 조용히 타고 있는 이른 아침을 바라본다. 블릭센 남작과 함께 많은 꿈을 안고 이곳 아프리카 케냐로 와서 환상적으로 결혼식을 올렸다. 남편은 결혼 후 큰 농장과 가정을 돌보지 않고 돌아다녔다. 바람을 피우며 바람처럼 살았던 남편이 이혼을 요구했다. 그후 나이로비의 어느 재력가의 여자와 재혼했지만 결국엔 죽어서 은공언덕에 묻혔다.

그리고 나에게 진정한 사랑이 무엇인지 알게 해주고 끝없이 대화를 밤새 나누었던 데니스, 데니스와 경비행기를 함께 타고 말할 수 없을 만큼 아름다웠던 아프리카의 강줄기를 따라가고, 산맥을 따라 구름 위에서 시간을 보냈다. 너무 행복해서였을까, 1분처럼 짧게 느껴지는 시간들이 마당에서 타고 있는 연기 속에서 선명해진다. 커다란 호수 위에 큰 섬처럼 떠있던 홍학들, 그 홍학들이 한꺼번에 날아가던 순간을 어떻게 잊을까. 그 위를 비행하던 긴장과 행복했던 순간 또한 연기 속에서 살아난다.

경비행기를 탈 때 흰 구름 속으로 들어가면 영원히 멈출 것 같은 순간들이 있었다. 데니스와 함께 있는 순간들, 그 순간 속에 영원히 머물 수만 있다면 이대로 멈춰도 된다고 생각했던 그 시간도 흰 연기 속에서 솟아오른다.

흰 연기는 은공 쪽으로 기울어간다. 어쩌면 흰 연기는 나의 혼을 담고 은공으로 가고 있는 것처럼 보였다. 전 남편과 행복

했던 시간보다 고통스러웠던 시간이 더 많았었지만, 그도 어느 날 갑자기 외롭게 죽었다.

　그리고 나의 이야기가 재미있다고 듣기를 좋아했고, 서로 끝없는 대화를 나누며 잘 통한다고 생각했던 데니스도 은공언덕에 묻혀있다. 경비행기를 타며 지상에서 누릴 수 있는 행복을 다 누리게 해 준 데니스였다. 다음 주 목요일 점심 전에 도착해서 함께 점심을 먹자고 했던 데니스, 경비행기가 돌아올 시간이 훨씬 지나서도 나타나지 않았다. 어쩌면 커다란 나뭇가지에 걸려 사고가 났을까, 라는 생각이 들 땐 몸서리치며 고개를 흔들었다. 아프리카에서 비행실력이 뛰어나다고 소문난 데니스이었기에 몇 시간 늦어질 뿐이라고 생각하며, 기다리면 데니스가 올 거라고 생각했었다.'


　'카렌, 어디 있어요. 지금도 나를 찾는 그의 목소리를 기다리는 아침이다. 오늘 다시 새로운 아침을 열고 은공을 보고 있다. 미움도 사랑도 모두 같은 종족일까, 이제는 미움도 사랑도 아무렇지도 않게 흰 연기 속에서 흘러다닌다.'

케냐 나이로비 카렌 블릭센 뮤지엄에 있는 카렌이 사용했던 엘피 전축

taken from her first book Seven Gothic Tales.

덴마크 룽스테드 카렌 블릭센 뮤지엄에 있는
카렌의 인터뷰 영상

5.

## 마지막, 오늘

카렌에게도 아프리카의 마지막 '오늘'이 다가왔다. 모든 것을 정리했지만 잘 믿겨지지 않은 것이 사람 마음이라고 생각했을 것이다. 아프리카에서의 마지막 날 카렌의 모습을 상상하면서 카렌의 마음을 따라가 보았다.

'어제와 같이 아침을 먹고 차를 천천히 마시고 있다. 내일도 이 자리에서 차를 마실 것 같은 생각은 당연한 것인지도 모른다'고 생각했다. 모든 짐은 떠날 준비가 되어 있다. 기차도 비행기도 오래전에 예약된 상태이다. 그런데 왜 식탁에서 일어나지 못하는 것일까. 그렇다, 시간도 충분히 남아있었다. 기차역까지

갈 시간이 남았기에 매일 앉았던 의자가 나를 붙잡고 있는 것이라고 생각했다.

아프리카에 처음 도착 했을 때가 스쳐갔다. 덴마크에서 약혼식을 하고서, 아프리카에서 결혼식을 해야 하는 긴장감으로 이곳 땅을 밟았을 때의 첫 느낌은 기대이상이었다. 이곳의 공기는 상쾌했다. 은공언덕 위에 떠 있는 뜨거운 해와 검은 피부를 가진 사람들에게서 느껴지는 훈훈함으로 흥분되던 순간들이 스쳐간다. 아프리카에 대해서 환호하며 좋았던 첫 느낌은 이곳에서 17년간 살아가면서도 변하지 않았다.

이곳에서 결혼을 하고, 이혼하는 등 어려운 일들이 쉼 없이 찾아왔을 때도 아프리카를 떠난다는 생각을 못했다. 은공언덕 나무 그늘이 있는 평평한 곳에 무덤 자리를 만들어야겠다고 자주 생각했지만 모든 것을 잃었고, 바로 '오늘'이 떠나는 날이다. 사각 사각 살을 파먹고 있는 것 같은 초침 소리가 점점 크게 들린다. 숨이 가빠지기도 한다. 유리잔에 생수를 조금 따라서 마시며 데니스에게 마지막 인사말을 남긴다.'


"데니스, 오늘 나는 덴마크로 돌아가는 날이에요. 당신이 떠나기 전날까지 농장을 어떻게 매각하며, 농장의 물건들을 어떻게 처분해야 할지 나의 고민을 잘 들어 주었고 진심으로 걱정을 해준 데니스, 오늘 나는 덴마크로 돌아갑니다. 일주일 전에 파라와 함께 당신 무덤에 가서 마지막 작별 인사를 했지요. 내가 떠나간다고 말 했을 때 당신은 살아 있을 때 보다 더 슬퍼했어요. 무덤 속에서 흘러나오는 당신의 낮고 긴 한 숨 소리가 들리는 것만 같았어요. 내가 다시는 이곳으로 오지 않을 것이라는 것을 당신은 예측하고 있었나요?

데니스, 평안히 잠드세요. 우리의 추억이 좋은 것 밖에 없다는 것이 불행이에요. 당신과 내가 한 번도 서로에게 섭섭한 적이 없었어요. 내가 당신에게 결혼하자고 여러 번 말을 했을 때도 당신은 자유롭게 살고 싶다고 대답을 피하거나 약간 난처해 하기도 했지요. 그러나 나는 당신에게 크게 상처 받지 않았어요. 당신은 처음부터 결혼할 생각이 없었고 자유롭게 사는 삶을 선택했다고, 우리가 서로를 이해하기 전부터 말해 왔으니까요.

그리고 당신은 평소에 나에게 최선을 다했어요. 다시 태어나도 경비행기를 타고 은공언덕 위로, 나이바샤 호수 위를 날아다닐 수 없을 거예요. 더 멀리 날아가서 알 수 없는 골짜기에서 올라오는 구름 속으로 지나가는 비행은 다시는 할 수 없을 거예요.

버팔로 떼를 보고 싶다던 나의 말을 기억하고서, 손님과 차를 마시고 있는 나를 데리고 가서 15분 동안 버팔로 떼가 지나가는 것을 보여주던 당신은 나에게 이 세상에서 유일한 단 한 사람이었어요. 다시 태어나도 데니스 당신 같은 사람은 못 만날 거예요. 당신과 함께 한 시간이 너무 행복했기에 아프리카에 다시 오지 않을 것이라고 말했을 때, 당신은 작게 흐느끼며 아무 말 없이 깊은 잠 속으로 스며들었지요. 당신은 영원히 나의 데니스라고 고백했을 때, 당신은 숨소리도 내지 않고 잘 들어 주었지요. 희미하게 높이 떠 있는 은공의 네 개의 봉우리는 우리의 경비행기 날개처럼 가까이 왔다가 점점 멀어지고 있어요."

카렌은 오늘이 오기까지 소작인들을 위해서 일했다. 카렌 자신만 바라보고 살다가 농장이 나이로비의 큰 회사로 넘어가게 되자 일말의 책임감을 느꼈다. 그녀는 소작인들이 다른 일자리를 알아보게 하거나 피해를 최소한으로 줄이기 위해 그들의 의견을 들어주려 애썼다. 카렌은 자신을 바라보는 소작인들의 눈빛에서 벗어나지 못했다. 매일 그들을 위해서 뛰어 다녔다. 그들의 눈빛에 카렌이 볼모로 붙잡혀 있는 것 같다는 생각이 들기도 했다.

카렌을 믿고 카렌과 함께 농장을 일구었던 소작인들과 많은 사람들과 일일이 악수하고 작별 인사를 하고서 기차역으로 갔다. 기차역에도 많은 사람들이 나와 있었다. 카렌은 농장뿐만 아니라, 학교를 세웠다. 병원은 직접 세우진 않았지만 농장에서 아프거나 다친 사람들이 생기면 지체 없이 나이로비의 병원에 입원 시켜서 치료받게 하였다. 어느 때는 매일 나이로비 병원 문지방이 닳도록 다닌 적도 있었다. 카렌은 비록 농장이 망해서 돌아가지만, 원주민들이나 소작인들에게 직접적인 도움을 많이 주었다. 사람 사는 곳의 인정은 대부분 비슷한 것 같다. 카렌이 원주민들과 서로 돕고 함께 살아가 보려고 일했기 때문에 덴마크로 가는 그녀를 수많은 사람들이 배웅했던 것이다.

오로지 농장을 살리기 위해서, 농장에 투자한 돈을 생각하며 그 돈을 회수하려는 마음만 있었다면 원주민들과 소작인들과 원만하게 지내지 않았을 것이다. 주인으로서 백인으로서의 우월감으로 그들을 지배하려 했다면 카렌을 그리워하거나 기억하는 사람들은 오늘날까지 이어지지 않았을 것이다.

많은 사람들을 뒤로 하고 카렌은 파라와 함께 기차를 탔다. 덴마크로 가는 길, 카렌은 나이로비 역에서 가까운 어느 역까지만 파라와 함께 가기로 한 것이다. 기차가 엔진 오일을 넣는 동안, 파라와 함께 잠깐 걸었다. 멀리 보이는 은공의 희미한 봉우리를 보고 서 있는 카렌은 말이 없었다. 기적 소리가 서서히 울리기 시작했다.

은공 언덕에 혼자 남은 데니스처럼 마사이마라 들판에 홀로 서 있는 소나무

그리고 혼자 알 수 없는 길을 걸어가는 화려한 새 한 마리

## 2부

덴마크 룽스테드에 있는
카렌 블릭센 뮤지엄

# 1장

:

바베트의 모습들

무모한 바베트

바베트는 나야,

로벤허엘름 장군과 마르티네

카렌의 두 개의 서재, 겨울 그리고 여름

아! 카만테

덴마크 카렌 블릭센 뮤지엄 뒤로
겨울 해가 지고 있는 오후 4시 10분

덴마크 룽스테드 카렌 블릭센 뮤지엄 내부

# 1.

## 바베트의 모습들

카렌블릭센의 뮤지엄 또 하나는 덴마크 룽스테드에 있었다. 나는 룽스테드 기차역에서 내려, 카렌블릭센 뮤지엄이 있는 곳으로 20분가량 걸어갔다. 한적한 마을이었다. 뮤지엄에 가까워질수록 바다가 보였다. 바다에는 요트들이 가득 떠 있었다. 뮤지엄 바로 앞에는 큰 바다가 출렁이고 있었다. 겨울비가 내리는 마을은 쓸쓸하고 추웠다. 바다를 마주보고 있는 카렌의 붉은 지붕의 저택은 그 옛날 부잣집의 기운을 그대로 풍기고 있었고 넓은 마당에는 푸른 잔디밭이 깔려 있었다. 집 앞에 서 있는 나무들은 한두 개의 이파리를 달고 겨울비를 맞고 있었다.

이상하게 마당으로 들어서기 전부터 『바베트의 만찬』의 배경과 너무 흡사하다는 생각이 들었다. 『바베트의 만찬』에서는 노르웨이의 산골 마을로 묘사 되어 있지만, 분위기는 이곳 카렌의 집 앞에 펼쳐진 쓸쓸한 바닷가와 비슷하지 않을까, 라는 생각을 하며 넓은 마당을 걸어갔다. 사람이 드문 마을과 겨울비가 내리고 바람 부는 풍경까지 너무 흡사했다.

비가 그치지 않아 먼저 카페 문을 열고 들어갔다. 이곳의 분위기도 묘했다. 카페 안에서 일하는 사람들도, 손님들도 모두 시니어들이었다. 뮤지엄에서 일하는 분들도, 뮤지엄을 소개해 주는 분들도 대부분 여자 시니어들이었다. 물론 시대의 흐름으로 시니어들이 일하는 사회이다. 우리나라도 그렇고 가까운 일본도 그렇고, 유럽 또한 시니어들이 일하고 있는 모습은 몹시 자연스럽다. 어쩌면 내가 『바베트의 만찬』에 몰두해서인지 이곳의 분위기가 『바베트의 만찬』과 많이 비슷하다고 느껴졌다.

커피를 갖다 주는 인자한 미소의 시니어를 보면서 '바베트'와 닮았다고 속으로 생각했다. 오순도순 얘기는 하는 손님들도 책에서 나오는 마을의 나이든 여자들과 비슷하게 보였다. 물론 책에서보다 더 윤택하고 여유 있어 보였지만, 카렌이 책을 썼던 당시에도 크게 다르지 않는 분위기일 것만 같아서 내심 반갑기도 했다.

『바베트의 만찬』은 노르웨이의 피오르 지역 쇠락한 산골마을에 노인들만 지내는 장면으로 시작된다. 그들도 꽃다운 시절이 있었겠지만 특히 아름다웠던 마르티네와 필라파 두 자매가 늙어가는 모습은 세월의 무상함을 말해주고 있었다. 예언자였고 목사였던 아버지가 죽고 나서도 마을 사람들은 두 자매의 집으로 모여들곤 했다. 그들은 모여서 예배를 보고 함께 담소를 나누기도 하면서 뒤에서는 서로 불목하며 살아갔다. 매일 만나는 사람들은 예배 시간만 빼 놓고 서로 으르렁거렸다. 변치 않는 마음을 가지고 있는 사람은 마을에서 두 자매뿐이었다. 마르티네와 필리파 두 자매는 늙어가는 마을 사람들이 서로 불목하는 것이 안타까웠지만 그들을 도우면서 지낸다. 그러던 6월 비바람 치는 어느 날 밤 두 자매는 거의 거지꼴을 한 채 문을 두드리다 쓰러진 나이든 여자를 발견하게 된다. 착한 두 자매는 그녀를 극진히 보살펴 준다. 쓰러진 여자는 바베트였다. 프랑스의 정치적 상황에서 남편과 자식을 잃고 오고 갈 데가 없게 되자 이곳 오지나 다름없는 산골마을로 찾아든 것이다. 바베트의 손에는 두 자매에게 소개해 준 편지 한 장이 쥐어져 있었다. 그 편지를 준 사람은 한 때 두 자매 집에서 지냈던 프랑스의 유명한 가수 아실 파팽이었다.

두 자매는 자신의 집이 가난하여 가정부를 둘 형편이 아니라고 거듭 말하지만, 바베트는 아무런 대가 없이 이곳에서 두 자매를 보살피며 살고 싶다고 간곡히 말한다. 그렇게 해서 바베트는 두 자매 집에서 가정부로 일하게 된다. 바베트는 조용히 두 자매 집에서 일하고 살았을 뿐인데 동네에는 새로운 기운이 돌기 시작했다. 바베트는 할 수 있는 대로 마을 사람들을 만나면 누구에게나 편견 없이 대했으며 자주 웃었다. 그런데 죽은 듯이 고요한 마을에 알 수 없는 에너지가 생기고 카렌의 집 마당의 잔디처럼 겨울비를 맞으면서도 푸르렀다.

어느날 바베트는 복권에 당첨되어 큰돈을 만지게 된다. 평생 살아갈 만한 큰돈이었다. 그러나 바베트는 프랑스식 최고의 만찬을 위해서 그 많은 돈을 다 써버린다. 왜 그랬을까, 현실이라면 과연 그런 일들이 가능할까?

이런 저런 생각을 하게하는 『바베트의 만찬』의 분위기와 뮤지엄 내에 있는 카페의 분위기가 왠지 비슷하다고 느껴진 것이다. 크게 웃거나 그렇다고 이방인을 무뚝뚝하게 쳐다보지도 않고 상냥한 미소만 짓는 나이든 시니어들이 왠지 바베트의 냄새가 배어 있다고 생각되었다. 또한 카페에서 점심을 들거나 차를 마시는 이곳의 여자 시니어들을 보면서 아무도 찾는 사람이 없는 쇠락한 산골마을에서 소일하던 『바베트의 만찬』의 배경이 된 그 마을 사람들이 연상되기도 했다. 물론 그들처럼 서로 불목하는 분위기가 아니었다. 시니어들이 하나둘씩 모여드는

카페에서나 뮤지엄 안에서 비교적 밝은 미소가 흘러 나왔고 따
뜻한 온기 또한 바베트의 온기와 비슷하게 다가왔다.

덴마크 룽스테드 카렌 블릭센 뮤지엄 내에 있는 카렌 블릭센 카페

창밖으로 보이는 겨울 숲길

# 2.

## 무모한 바베트

무모함이었다. 세상의 눈으로 봤을 때 바베트의 행동은 영락없는 무모함이라고 볼 수 있다. 남의 집 가정부로 일하면서 물론 선한 마음으로 마르티네와 필라파 두 자매 집에서 무료로 일을 했지만, 일반적인 상식선에서 볼 때 남의 집에 신세지고 사느니, 자신의 삶을 자신의 힘으로 꾸려나가는 모습이 더 현실적으로 와 닿을 것 같았다. 그러나 바베트는 노후를 걱정 없이 살아갈 만큼 많은 액수의 복권에 당첨되지만 자신이 원했던 만찬을 위해서 한 푼도 남기지 않고 다 써버린다. 오로지 최고로 멋진 만찬을 위해서다.

그 만찬에 초대된 사람들은 쇠락한 마을에서 오래도록 살아가고 있는 마을의 노인들이었다. 어제도 보고 그제도 보고 매일 보다시피 한 사람들이다. 특별한 사람은 예전에 목사님이 살아있을 때 두 자매 집에 잠시 머물렀던 로벤히엘름 장교였다. 지금은 장군이지만 예전엔 마르티네를 흠모하고 사랑했었다. 하지만 용기가 없어서 편지 한 장 남기고 마르티네를 떠나 자신의 길을 걸어간 장군인 그 부부를 초대한 것이다. 사실 바베트를 위해서 초대한 사람은 단 한사람도 없었다. 이렇듯 바베트는 왜 무모한 일을 선택했을까. 복권에 당첨된 큰돈으로 미래를 위해서 어떻게 해야 할지 고민이나 망설임도 없이 단호하게 만찬을 위해서 쓰겠다고 결심한 것은 무엇 때문이었을까? 책을 읽는 내내 바베트에게 질문하고 싶었다.

작가는 이런 바베트를 통해서 과감하게 발언하고 있다. 자신이 하고자 하는 일, 자신이 하고 싶은 일은 선택했을 때는 세상 눈치 보지 말고 과감하게 자신의 온 힘을 쏟으라고 말하고 있었다. 아낌없이 자신의 에너지와 시간을 쏟았을 때 예술이 탄생하며 자신이 선택한 일에 대해서 후회가 없다고 말하고 있었다.


카렌 블릭센의 발자취를 찾아다니기 위해 서울에서 케냐로 케냐에서 덴마크로 떠난 긴 여정 안에서 카렌의 본 모습을 만난 것은 『바베트의 만찬』이었다고 할 수 있다. 글의 주제와 소재를 역사나 성서, 신화와 고전에서 가지고 온다 하더라도 작가의 생각이 들어있지 않는 책은 없다고 본다. 카렌은 아프리카의 생활을 청산하고 나서 덴마크 자신의 집에서 3년 동안 칩거하여 『일곱 개의 고딕 이야기』를 발표하여 소설가로서 인정받는다. 그 이듬해에는 『아웃 오브 아프리카』를 쓴다. 작품 쓰기에 온 힘을 바친 것이다. 그 이후의 삶 또한 오로지 작품 쓰기에 몰두한다. 이러한 모습에서 자연스럽게 바베트의 모습이 비춰졌다. 바베트가 최고의 만찬을 위해서 자신이 가지고 있는 모든 돈을 바치듯이, 카렌 또한 소설 쓰는 데 온 힘과 온 정성을 쏟아내는 모습이 같다고 느껴진 것이다.

바베트는 열두 명의 손님의 식사를 위해서 자신의 전 재산을 다 써버리지만, 스스로 위대한 예술가라고 당당하게 말한다. 위대한 예술가는 결코 가난하지 않다고 말하는 바베트는 세상적인 눈으로 봤을 땐 무모하고 비현실적으로 보이지만, 내가 선택한 예술에 최선을 다할 수 있도록 내버려달라는 바베트의 외침은 큰 울림으로 다가왔다.

덴마크 룽스테드 카렌 블릭센 뮤지엄 내에 있는 주방

카렌 블릭센 뮤지엄에 있는 카렌이 사용했던 주방의 그릇들

3.

## 바베트는 나야,

바베트 만찬의 주체는 나다. 바베트의 만찬을 읽어갈 수록 네가 아닌 나였다. 복권에 당첨된 거액의 돈을 열두 명의 사람들의 한 끼 저녁을 위해서 다 써버리지만, 그것은 바베트 자신을 위한 것이었다. 오랫동안 한 마을에서 함께 살아온 사람들은 서로 불목하고 싸우며 늙어간다. 굳이 그들을 위해서 그렇게 멋지고 대단한 저녁을 대접해야 했을까, 라는 생각을 불러일으키지만 정작 바베트는 어떠한 계산도 없이 모든 돈을 그들을 위한 만찬에 다 소비한다.

바베트는 무엇 때문에 남의 집에 얹혀살면서 그 많은 돈을 다 써버렸을까? 이는 오로지 마을사람들의 한 끼 저녁을 위한 것으로 보였지만 그것은 바베트 자신을 위하는 일이었다. 바베트는 자신을 위해서 멋진 저녁 만찬을 준비한 것이다.

바베트는 프랑스에서 유명한 레스토랑의 셰프였다. 바베트는 음식을 통해서 자신의 존재감을 드러냈다. 음식을 만들어서 손님들한테 내놓을 때 비로소 바베트 자신의 존재감을 실감하고 마주하게 된다. 바베트에게 음식 만드는 것은 곧 바베트만의 예술이었다. 다른 사람들은 그림을 그리거나 시를 쓰거나 소설, 그리고 연극을 통해서 자신이 좋아하고 잘할 수 있는 것을 개발해서 자신만의 예술을 성장시켜 나아간다. 바베트 역시 바베트가 잘하는 음식을 통해서 예술을 승화시킨 것이다.


그러나 바베트는 프랑스의 정치적으로 분열된 상황에서 도망쳐 나와 노르웨이 산골 마을로 피신해서 살고 있는 처지였다. 마르티네와 필리파 두 자매는 몹시 가난했다. 그 집에서 얹혀사는 바베트가 할 수 있는 것은 단순한 식사를 최대한 맛있게 만들어서 나누어 먹는 일이었다. 자신의 예술을 펼칠 수 있는 환경이 아니었다. 하지만 바베트의 선한 마음은 선한 두 자매와 함께 가난하게 지내도 풍요로웠고, 마을 사람들에게도 따뜻함을 나누며 살아간다.

그런 바베트가 멋진 만찬을 준비하는 과정 또한 몹시 중요한 시간이었다. 프랑스로 건너가서 가장 좋은 그릇과 유리잔을 사고, 최고의 음식 재료들을 구입하는 과정은 멋진 만찬을 위해서 매우 중요했다. 한 위대한 예술을 탄생시키기 위해서 필수적인 시간이었다.

사람마다 자신의 특기를 보여줄 수 있는 시간은 모두 다른 것 같다. 일반적으로 시간이 지나고 나서야 그 때가 바로 내가 가장 잘 할 수 있는 것을 발현 시킬 수 있는 가장 좋은 시간이었음을 깨닫게 되는데, 바베트는 만찬의 시간이 자신만의 시간임을 알고 있었다. 그 많은 돈을 다 쓰지 말고 바베트를 위해서 남겨 놓으라는 착한 두 자매의 선의적인 충고도 듣지 않고 오히려 두 자매를 겨우 설득 시킨다. 바베트의 예술은 최고의 요리였기 때문이다. 세상에서 가장 맛있고 품격이 높은 요리를 만들어서 손님에게 극진히 대접하는 일이 바베트에게는 최고의 예술이었던 것이다

프랑스에서 직접 구입해온 최고급의 식재료들로 만들어낸 음식들 그리고 크리스탈 유리잔에서 찰랑이는 포도주에 극진한 대접을 받고 기뻐하는 마을 사람들에게 바베트는 "나는 위대한 예술가에요"라고 대답한다. 마을 사람들이 바베트가 위대한 예술가임을 몰랐어도 바베트는 신경 쓰지 않는다. 오로지 자신이 대접해야 할 음식을 만들고 초대한 사람들이 충분히 즐

기고 행복하기만을 바랐던 것이 바베트가 원하는 것이었다. 그 소망을 위해서 혼신을 다할 뿐이었다.

만찬 당일에도 바베트는 자신을 꾸미지 않고 주방에서 음식을 만들어서 내놓기에 바쁘다. 물 한잔 마시지도 못한다. 만찬이 모두 끝났을 때 바베트는 기진맥진해서 주방 끄트머리에 겨우 앉아 있는다. 칭찬을 바라거나 보상을 바라는 마음은 어디에도 없었다. 오로지 바베트가 추구하던 예술을 위해서 돈과 요리솜씨를 다 사용한 것이다. 다른 사람의 반응에 전전긍긍하지 않는 바베트의 모습에서 진정한 예술가의 모습이 비춰진 것 같다.

바베트가 혼신을 다해서 만들어 낸 만찬 덕분에 마을 사람들은 그동안 왜 서로들 불목하며 지냈는지 후회했다. 그리고 마을 사람들 사이에서 그간의 감정들은 눈 녹듯이 사라진다. 말투는 상냥하고 부드럽게 변해갔다. 웃음소리가 떠나지 않으며 서로가 서로에게 너그럽게 대하며 행복과 기쁨을 누리고 있었다. 바베트가 자신만의 예술을 펼친 저녁식사 때문이었다.

이는 예술이 사람에 주는 감동이다. 인간이 지닌 고귀한 가치를 예술을 통해서 발현하는 순간이었다고 볼 수 있다. 보잘 것 없는 산골의 작은 마을, 그 마을 안에서 늙어가는 사람들과

30년 만에 찾아온 로벤히엘름 장군의 마음까지 진정한 사랑과 선함으로 가득 차오르게 한 것이다.

그러나 대부분의 우리는 우리의 고귀한 가치를 알아볼 때도 있지만 쉽게 잊거나 놓쳐버린다고 한다. 훗날, 마을 사람들이 그날 저녁 그렇게 기쁘고 행복했던 시간들은 자신들이 지니고 있는 고귀한 가치 때문이라는 것을 모르고 있었다고 바베트는 책을 통해 말하고 있다.

카렌 블릭센 뮤지엄 안에 있는 식탁

4.

# 로벤히엘름 장군과
# 마르티네

바베트의 만찬에 초대된 로벤히엘름 장군은 식사를 마친 후 천천히 일어난다. 그는 30년 전에 흠모했던 목사의 큰 딸 마르티네를 보며, 귀밑머리는 희끗했지만 여전히 아름다움을 간직하고 있다고 생각했다. 장군은 사람들이 하나둘씩 빠져나가자 마르티네 손을 잡고 30년 동안 마음속에 간직했던 말을 한다. "나는 매일 당신과 함께 했었소. 육신이 아닌 영혼으로, 나에게 남은 시간도 당신과 함께 하고 싶소. 오늘 밤처럼" 카렌은 책에서 로벤히엘름 장군의 입을 통해 숭고한 사랑의 한 형태를 보여주었다. 『바베트의 만찬』에 걸맞은 표현이고 분위기지만, 왠지 죽은 데니스가 떠올랐다. 카렌은 살아있을 때 한 번도 아프리카를 가지 않았다. 그가 사랑했던 데니스 무덤에도 찾지 않았다.

하지만 왠지 데니스에게 하는 말처럼 다가왔다.

'나는 매일 당신과 함께 하고 있어요. 육신이 아닌 영혼으로……'

카렌 블릭센 뮤지엄 내에 있는 주방의 한 벽면

5.

## 카렌의 두 개의 서재,
## 겨울 그리고 여름

　　카렌의 서재 겸 작업실은 두 개가 있었다. 여름의 작업실은 카렌의 침실로 올라가기 전 1층에 있었다. 카렌은 여름이면 이곳에서 글을 썼다고 한다. 덴마크 겨울은 매일 비가 오는 것 같았다. 카렌의 집 앞으로는 바다가 끝없이 흐르고 있었다. 겨울비와 함께 해풍이 불어 닥치면 몰아칠 강추위가 상상이 되었다. 카렌 블릭센 뮤지엄을 방문한 날도 아침부터 비가 내렸다. 한적한 바닷가 마을에 쓸쓸함과 함께 비가 내렸다. 거리에는 자동차만 달리고 있었고, 항구에 묶여 있는 수많은 요트들이 바람 속에서 흔들리고 있었다.

　북유럽의 긴 겨울에는 바닷바람을 피할 수 있는 방에 서재를 꾸미고 그곳에서 글을 썼다고 한다. 아늑하고 고풍스러웠다. 대신 여름에는 시원한 바닷바람이 불어오는 방에 서재를 만들어서 사용했다고 하는데 이곳 또한 고풍스럽고 아픔다운 모습 그대로 보존되어 있었다.

태어나서부터 이 집에 살아온 카렌, 그녀는 아프리카에서 돌아와서도 계속 이 집에서 살았다. 이 두 개의 세재에서 주옥같은 글들을 썼을 것이다. 대부분 작가의 방이라고 하면, 많은 책과, 크고 긴 책상, 노트북이나, 노트를 떠올린다. 작가마다 다르겠지만 방을 더 단순하게 하고서 글을 쓴 작가들도 많다.

처음에 카렌의 서재인줄 모르고 손님을 접대했던 방일까, 카렌이 이곳에서 책을 읽고 휴식을 취했을까, 라는 생각이 스쳤다. 서재와 작업실이라고 하기엔 너무 고풍스럽고 화려했기 때문이다. 그녀는 아프리카에서 이곳으로 와서 칩거하며 이곳 겨울과 여름, 두 개의 서재에서 『아웃 오브 아프리카』 『겨울 이야기』 『천사 복수자』 『마지막 이야기』 등 수많은 명작들을 썼다.

덴마크 룽스테드 카렌 블릭센 뮤지엄 안.
겨울 비바람을 피해 따뜻한 곳에 있는 카렌의 겨울의 서재

덴마크 룽스테드 바닷바람이
창문으로 잘 들어오는 방, 여름의 서재

카렌 블릭센 뮤지엄에서 보이는 거울 바다위에 떠 있는 요트들

# 6.

## 아! 카만테

　　카렌 블릭센이 생전에 살았던 집 안으로 들어갔다. 층계로 올라가는데, 카만테의 사진들이 걸려 있었다. 카렌이 카만테를 각별하게 생각하는 것은 알고 있었지만 여러 장의 사진들이 벽에 걸려 있는 것을 보고 깜짝 놀랐다. 덴마크 룽스테드에 있는 카렌의 뮤지엄에는 카렌의 것들로 꾸며져 있었다. 물론이곳은, 카렌이 아프리카에서 살았던 시간들도 잘 정리해서 전시하고 있었지만, 대부분은 카렌이 이곳에서 썼던 책들과 그녀가 생활했던 공간을 그대로 보전해서 보여주고 있었다.

　　하지만 눈에 잘 띄는 흰 벽면에 걸려있는 카만테의 사진은 새로운 이야기를 담고 있었다. 카만테가 이곳 카렌의 집을 방문한 것이다. 카렌은 1962년에 죽었다. 그는 카렌이 죽고 한참이 지난 후 1975년에 이곳을 찾아온 것이다. 카렌 블릭션을 만나서 아픈 다리를 완치하고, 카렌이 아프리카를 떠날 때까지 그녀를 위해 주방요리를 담당했던 카만테는 그간의 일들을 한 권의 책으로 만들어서 가지고 왔다. 카만테는 글을 읽지도 쓰지도 못했다. 그래서 그는 가족 중에서 글을 읽고 쓸 줄 아는 사람에게 부탁해서 책을 만들었다. 책은 카만테가 구술하면 가족 중 한 사람이 글로 써 주는 방식으로 만들어졌다. 그렇게 귀하게 만든 책을 들고 카렌을 찾아온 카만테가 카렌의 사진 옆에 당당히 함께 있었던 것이다.

카렌은 『아웃 오브 아프리카』에서도 카만테의 솜씨를 극찬하곤 했다. 음식 솜씨가 좋았던 카만테는 음식뿐만 아니라 그림 그리기를 좋아했고 특히 동물과 꽃들을 많이 그렸다고 했다. 카렌의 사진 테두리에 작은 동물 그림들로 가득 차 있었다. 이는 모두 카만테가 그렸다고 한다. 그러고 보니 벽에 붙여진 사진 테두리마다 작은 짐승들이 가득 그려져 있었다. 어떻게든 카렌을 향한 카만테의 마음을 전해보고자 자신이 잘 할 수 있는 것들을 다 동원한 것이라고 보여졌다.

나는 카만테의 용기와 뚝심이 자랑스럽고 대단하다고 생각되었다. 글을 읽지도 쓰지도 못한 까막눈의 카만테, 그러나 카렌을 만나서 새로운 삶을 살게 된 시간들을 그저 좋은 추억으로 간직하기에는 너무 안타까웠고 속상했을 것이다. 그래서 자신의 이야기를 구술로 풀어내서 받아쓰기를 하게 한 다음 책으로 출판한 것이다.

카렌은 카만테가 몹시 신중하고 속이 깊었다고 했다. 그것은 어린 시절 긴 병에 지쳐 갔지만 그것을 끝없는 인내로 견디다 보니 자연스럽게 신중하게 되었을 것이라고 보고 있었다. 어린 아이가 깊은 병마에 절망하면서도 다시 살고 싶은 희망을 붙들고 살았기 때문에 삶에 대한 애착은 남달랐을 카만테, 자신만의 삶을 책으로 만들어서 카렌의 무덤 앞에 서 있던 모습을 나도 상상해 보았다. 지금도 멀게 느껴지는 아프리카에서 오랜 시간 비행기를 타고 카렌의 집으로 달려온 카만테를 보고서 카렌은 무덤 속에서 얼마나 대견하게 생각했을까, 라는 생각이 절로 들었다.

'음사부, 제가 왔어요. 저 카만테에요. 음사부가 죽었다는 소식을 들었을 때 며칠이고 밥을 먹을 수도 잠을 잘 수도 없었어요. 음사부가 살아 있을 때 아프리카에 한번 오시는 줄 알았어요. 그리고 저 또한 음사부가 살아있을 때 이곳에 올 줄 알았어요. 그런데 결국 저 혼자 지금 왔네요. 음사부, 그러나 당신은 생각보다 더 좋은 집에서 살았고 생각보다 더 좋은 곳에서 잠들어 있네요. 그래서 제 마음도 좋아요. 음사부 집 앞으로 큰 바다가 보이고요. 집 뒤로 숲길이 이어져 있네요. 이 숲길을 음사부가 살았을 때 산책 했을 것 같아서 저도 걷고 싶은 마음이 생깁니다. 숲속에서 가장 큰 나무 아래 잠들어계신 음사부, 당신을 이렇게라도 뵙고 보니 이제 저의 마음이 비로소 편해집니다. 음사부께서는 저의 솜씨를 늘 칭찬해 주셨지요. 무엇을 해도 잘 한다고 격려 해 주셔서 더 잘했던 것 같아요. 만약 제가 음사부를 못 만났다면 어떻게 됐을까요. 생각만 해도 너무 슬퍼요.

그래서 저 카만테가 아프리카에서 음사부를 만나러 이곳에 왔어요. 음사부를 만나서 건강한 삶을 살게 된 저의 이야기가 담긴 책을 음사부에게 바치고 싶어서 이렇게 들고 왔어요. 음사부, 편지에서도 밝혔듯이 저는 음사부를 한 번도 잊어본 적이 없어요. 저의 아들이 자라서 결혼 할 때도, 그리고 새 아기가 태어날 때도 음사부께서 환하게 웃으시며 축하해 주시고 아이도 예뻐해 주셨으리라 생각했어요. 당신은 아프리카에서 살 때도 집안의 사람들, 이웃들, 소작인들, 그리고 다른 백인들하고도 다 잘 지냈지요. 축하할 일들이 생기면 진심으로 축하했고, 슬픈 일이나 어려운 일이 생겨도 절대 외면하지 않고 돌보아 주었지요. 지금도 그 때 함께 했던 사람들을 만나면 음사부 얘

기를 많이 하고 있어요.'

카만테는 카렌의 무덤 앞에서 속으로 이렇게 말하지 않았을까, 라는 생각을 하면서 카렌과 함께 걸려 있는 카만테의 사진을 유심히 바라보았다.

덴마크 룽스테드 카렌 블릭센 뮤지엄 벽에 걸려 있는 카렌과 카만테 사진.
사진 테두리에 그린 동물들은 모두 솜씨 좋은 카만테가 그렸다.

덴마크 룽스테드 카렌 블릭센 뮤지엄 벽에 걸린 카만테 사진들

# 2장

:

# 1.

## 카렌 블릭센의 가족들

　　카렌 블릭센의 뮤지엄이 된 이곳은 카렌이 태어난 곳이다. 그리고 카렌은 17년간 아프리카에서 살다 빈손으로 돌아왔을 때부터 죽는 순간까지 이 집에서 살았다. 그래서인지 비교적 카렌의 흔적들이 고스란히 남아있었다.

　　군인이며 정치가였던 아버지와 귀족출신이면서 부잣집 딸이었던 어머니 사이에서 태어난 카렌은 여자 동생 두 명과 남자 동생 두 명이 있었다. 카렌의 아버지는 딸 셋에 아들 둘을 둔 남부러울 것 없는 가장이었지만 젊었을 때는 매독을 앓았고, 가정부가 자신의 아이를 임신하자 스스로 목숨을 끊는다. 카렌이 열한 살 때였다.

카렌의 어머니는 남편이 일찍 세상을 떠나자 2남 3녀를 데리고 친정으로 간다. 카렌의 외갓집 분위기는 부르주아이면서도 몹시 청교도적이었다고 한다. 그래서인지 카렌은 아프리카에서 살면서도 농장의 여인들을 데리고 미사에 빠짐없이 다녔다. 그 모습이 『아웃 오브 아프리카』에서도 잘 나타나있다.

어린 시절을 종교적인 분위기의 외가에서 보낸 것은 카렌에게는 억압이었을 것이라고 짐작하게 된다. 그래서인지 카렌은 덴마크뿐만 아니라 파리나 로마에서 미술을 공부했다. 그리고 아프리카의 삶도 보다 자유로운 삶을 꿈꾸며 선택했을지도 모른다. 어쨌든 자신을 옭아매는 제약에서 벗어나기 원했다면, 자유에 대한 갈망과 아프리카의 삶이 전혀 상관없진 않았을 것 같았다.

그의 작품들은 다양한 소재를 사용하고 있었지만 그중에서도 성서 구절의 인용과, 성서에서 모티브를 잡고 이야기를 끌고 가는 작품들도 많았다. 『바베트의 만찬』에 묶여 있는 다른 작품들도 성서적 이야기가 가미 되어 있음을 알 수 있는데,「폭풍우」와 「불멸의 이야기」 등에서도 그를 쉽게 발견할 수 있었다. 하지만 성서 구절을 인용하면서도 우리가 예측할 수 있는 뻔한 이야기로 끌고 가지 않고 반전에 반전을 보여주고 있었다.

아프리카에 가서 결혼과 이혼을 하고, 전 남편이 죽고, 사랑했던 데니스도 사고로 죽었다. 게다가 농장까지 잃었다. 사실 모든 것을 잃고 돌아온 카렌을 품어준 사람은 어머니이며, 지금의 뮤지엄이 되어 있는 집이었다. 카렌이 부잣집 딸이라고 했지만 많은 돈을 아프리카에 쏟아붓고 빈손으로 돌아왔을 때 어머니가 함께 살자고 하지 않았다면, 과연 평생 돈 걱정 하지 않고 안락한 환경에서 글을 쓸 수 있었을까, 라는 생각이 들었다.

카렌은 젊어서 혼자가 된 어머니와 둘이서 이 큰 저택에 살면서 주옥같은 수많은 작품을 집필했다. 그 둘은 서로 많이 의지 했으리라 짐작을 해 본다. 카렌보다 훨씬 젊은 나이에 혼자가 된 카렌의 어머니는 아무리 돈이 많았어도 배우자를 상실하고 나서의 막막함을 누구보다도 잘 알고 있었을 것 같다. 부모이기에 묻지도 따지지도 않고 빈손으로 돌아온 딸을 받아주는 것은 당연하다고 생각 할 수도 있지만, 누구보다도 상실의 아픔과 상처를 잘 알고 있는 어머니이기에 카렌을 아무 말 없이 감싸주지 않았을까, 라는 생각을 집안 구석구석 돌아보면서 하게 되었다.

왼쪽 위 드로잉은 카렌의 어머니. 그 옆은 남동생.
왼쪽 아래 드로잉은 여동생. 그 옆 드로잉은 카렌의 할머니다.

카렌 블릭센의 어머니와 아버지 사진

2.

## 카렌의 그림들

어려서부터 그림을 잘 그렸던 카렌의 꿈은 화가였다. 덴마크 미술 아카데미와 파리와 로마에서도 그림 공부를 한 카렌의 흔적들은 집안 곳곳에 있었다. 카렌이 초창기에 가족들을 스케치한 드로잉들은 빛이 바랬지만 액자 안에서 여전히 그녀의 실력을 말해 주고 있었다. 할머니, 어머니, 동생들을 스케치한 그림이었다.

케냐의 나이로비에 있는 카렌 블릭센의 뮤지엄에 걸려있는 그림들은 모두 복사본이었는데, 이곳 덴마크 룽스테드 카렌의 집에 있는 그림들은 모두 원작이었다. 역시 눈에 띄는 그림은 터번을 두르고 있는 아프리카 남자 원주민 그림과 그 옆의 아름다운 원주민 여자 그림이었다. 터번을 두르고 있는 그림은 카렌의 비서 격이었던 파라라고 알려져 있다. 그런데 케냐 나이로비 카렌 박물관에서도 아니라고 하고, 이곳에서도 파라가 아니라고 했다. 파라의 남동생일 가능성이 크다고 했다. 아름다운 여자는 파라 남동생 부인이냐고 물었더니, 뮤지엄 측에서도 모른다고 했다. 하지만 너무 아름답다고 했다. 사실 나도 아프리카의 아름답고 매력적인 이 여인 앞에서 한참을 머물러 있어도 싫증나지 않았다. 오렌지 계열의 머리띠와 이목구비가 뚜렷하고 표정 또한 당당해 보이는 이 여자가 누구인지 궁금하기만 했다.

그리고 키쿠유족장의 모습이었다. 깡마르고 당당한 구리 빛의 피부와 눈동자는 살아있는 것만 같았다. 이곳 카렌의 서재에도 걸려 있고, 그림들을 전시해 놓은 방에도 걸려 있는 앵무새의 그림이었다. 앵무새가 사람의 소리를 흉내 내서인지 부리를 몹시 크게 그린 그림이었다. 실제 부리가 큰 새인지, 부리를 부각시켜 놓은 그림인지 알 수 없지만, 유별나게 큰 부리가 인상적이었다.

덴마크 룽스테드 카렌 블릭센 뮤지엄에 걸려 있는 카렌이 그린 그림들(왼쪽)

# 3.

## 카렌의 침실

 

 

지금은 뮤지엄이 된 카렌의 집은 고풍스럽고 아름다
웠다. 아프리카의 카렌의 박물관보다 훨씬 컸고 화려했다. 고
급스런 가구들과 세련된 감각으로 예스런 풍경을 담고 있었다.
바다가 보이는 앞마당과 숲길로 가는 뒷마당도 몹시 넓었다.
뒷마당에는 아주 작은 호수도 있었다. 숲길에서 보면 작은 호
수에 카렌의 집이 반사되어 보이기도 했다.

카렌의 집은 1층과 2층으로 나누어져 있었다. 1층엔 손님 접
견실과 식사하는 곳, 그리고 서재가 몹시 화려하게 자리하고
있었다. 카렌도 동양적인 것에 관심이 많아 보였다. 케냐 나이
로비의 카렌의 집에도 동양적인 도자기들이 거실에 있었다. 그

런데 덴마크 카렌의 집에도 동양적 도자기가 있었다. 선물로 받았는지 알 수 없지만, 테이블 위에 있는 도자기 그릇은 일본 도자기 같았다.

침실은 2층에 있었다. 카렌이 평소에 사용했던 모습 그대로 재현되어 있었다. 화장대와 드레스 목이 긴 흰 장갑이 그대로 있었다. 카렌이 1962년까지 살았던 그 시기, 유럽은 몹시 현대적으로 발달했다. 카렌의 취향이었는지 집안의 장식품들은 고풍스런 것으로 꾸며져 있었고, 카렌이 즐겨 입던 옷도 클래식했다. 그러나 생각보다 화장대의 화장품들은 소박했다. 집안을 화려하게 꾸미는 반면, 정말 화장에는 관심이 없었을까, 라는 생각이 들 정도였다. 카렌이 화장 또한 즐겼다면 화장대에 그대로 재현했을 텐데, 손거울과 의외로 몇 개 안 되는 화장품에 조금 놀라웠다.

화장대 아래 검정 가방 안에는 면 블라우스가 여러 개의 단추를 얌전하게 잠그고 있었다. 지금 꺼내 입어도 품위 있고 아름다울 것 같았다. 바로 옆에는 검정 비로드 천으로 된 구두가 주인을 기다리고 있었다. 또한 침대 옆 스텐드가 있는 곳에 동양적인 그림이 걸려 있었다. 스텐드 옆에는 카렌이 즐겨 보던 것으로 보이는 책이 펼쳐져 있었고 침실 바로 옆에는 욕실이 딸려 있었다.

오전에 1층으로 내려가서 글을 쓰고, 손님이 찾아오면, 차 마시며 접대하고, 다시 글을 쓰다 숲길을 산책했을 카렌 블릭센을 상상해 보았다. 긴 겨울이 지나고 봄이 오면 새순이 돋아나는 나무들에게 인사를 주고받았을 것이다. 머리 위로 날아가는 새들에게도 말을 걸고, 넓은 마당을 걸어 다니는 날개가 큰 새에게 먹이도 나누어 주었을 거라고 상상하며 침실에 있는 작은 창문을 보았다. 큰 길 건너 겨울바다가 출렁이고 있었다.

사람 하나 지나가지 않는 쓸쓸한 바닷가를 보면서『바베트의 만찬』을 썼을까, 라는 생각을 자연스럽게 하게 되는 풍경이었다. 비는 아직도 내리고 바람에 빈 가지들이 이리저리 흔들리는 것이 보였다.

덴마크 룽스테드 카렌 블릭센 뮤지엄 2층에 있는 카렌의 침실.
화장대와 흰 드레스, 검정 구두와 흰 블라우스, 흰 장갑

카렌 침대 위에 걸려 있는 동양의 부처 그림

침대 옆에 펼쳐져 있는 책

덴마크 룽스테드 카렌 블릭센 뮤지엄 2층에 있는 카렌의 침대

4.

## 소요가 가라앉자

아무도 없는 카렌의 침실을 보면서 자연스럽게 카렌의 지난 시간들을 생각하게 되었다. 덴마크로 온 이후 아프리카를 다 잊을 수 있었을까, 열심히 글을 쓰고 책을 출판하고, 책들이 영화화 되면서 유명하게 되었지만 아프리카의 시간이 때로는 자주 떠올랐을 것이다. 특히 데니스를 은공언덕에 묻고, 농장을 정리하고 아프리카를 떠날 날이 가까워지자 지난 일들이 거짓말처럼 꿈만 같아 카렌은 깊이 잠들지 못했을 것 같았다. 어쩌면 17년이란 긴 시간이 서서히 침몰하며 바다 밑으로 가라앉고 있다고 생각했을 것이다. 한밤중에 일어나 침몰하는 배를 보며 소리 없이 혼자서 말했을 카렌의 말을 아무도 없는 카렌의 침대가 보이는 문에 기대어 조용히 들어 보았다.

"정신은 더 맑아진다. 내가 살아왔던 농장이라는 배와 함께 밑으로 가라앉지만 나의 눈망울은 죽지 않고 살아나서 바라보고 있다. 수많이 소들이 나타났다 사라진다. 황혼녘 붉은빛을 받아 금빛으로 빛나던 누런 소들이 넓은 초원으로 나갔다가 농장을 향해 느리게 걸어온다. 황금빛 꼬리로 날파리들을 날리며 걸어오는 발자국 소리가 크게 들린다.

아프리카에 도착했을 때 소말리아 여자들을 보고 나는 눈을 반짝거렸다. 다갈색의 피부와 기품 있는 아름다움에 순간 빠져든 것이다. 우리들은 자주 만났고 자주 차도 마셨다. 덴마크에서 있을 때 검은 피부에 대해서 거부감을 느껴본 적은 없었지만, 아름다운 여인들이 이렇게 많을 줄은 사실 몰랐었다. 그 여인들을 만나면서 나도 모르게 내 안에 자리 잡은 편견을 빨리 벗어 던졌다. 그들은 몸도 마음도 건강했다. 새로움에 대한 호기심도 많았고 배우려는 의지도 높았다. 파라 동생의 와이프는 성서에 관심이 많아 문자를 배워서 책을 읽었으며 나와 토론하는 것을 즐거워했다. 소말리아 여인들과 농장 안에 살고 있는 다른 여인들과 함께 차를 타고 이웃 농장에 가서 차와 다과를 대접받고 오면서 수다를 떨었던 일, 우리는 그 시간 참 행복 했었다. 또한 멀리 있는 성당에도 함께 가서 미사를 보고 프랑스

신부에게서 차를 대접받던 일들이 물방울 속에서 선명하게 떠오른다. 그녀들은 모처럼의 외출을 기꺼이 받아들이고 가장 예쁘게 치장을 하고 나타나곤 했다.

한치 앞을 못 보는 것이 인간이라고 하지만 거짓말처럼 농장이라는 배가 바다 밑으로 가라앉고 있을 줄을 몰랐었다. 많은 사람들이 우려하는 눈빛이었다. 농장을 바라본 이웃들과, 덴마크 가족들도 빨리 정리하기를 권유했다. 하지만 나만 몰랐다. 아무리 큰 파도가 밀려와도 농장은 침몰하지 않을 것이라는 믿음이 있었다. 그 믿음을 붙잡고 침몰해가는 배를 보고 있다. 발버둥치거나 후회하지 않는다. 사랑했기 때문이다. 아프리카에 도착하는 순간부터 지금 침몰하고 있는 이 순간까지 사랑하고 있다. 사랑 앞에 어떤 이유를 말해야할지 나는 알 수 없다."

덴마크 룽스테드 큰 나무 아래 잠들어 있는 카렌 블릭센

5.

## 카렌의 무덤 앞에서

오늘도 비가 왔다. 덴마크에 있는 동안 거의 매일 비가 왔다. 카렌의 무덤은 카렌의 집에서 한참이나 떨어진 숲속에 있었다. 카렌의 넓은 마당에도 하나의 비석이 세워져 있었다. 처음엔 카렌의 무덤인 줄 알고 급히 다가갔다. 하지만 카렌의 아버지 묘였다. 넓은 뒷마당에도 카렌의 묘는 없었다. 숲속의 길을 따라 걸었다. 숲길에는 아무도 없었다. 빗방울만 떨어지고 있었다. 겨울 숲은 앙상했다. 그러나 바닥에 있는 잔디들은 너무나 푸르렀다. 처음엔 카렌 마당의 푸른 잔디밭을 보자 케냐 나이로비에 있는 카렌 박물관이 떠올랐다. 나이로비에 있는 카렌의 넓은 마당에도 푸른 잔디밭으로 가득 차 있었다. "이자크 디네센, 카렌 블릭센" 두 개의 이름처럼 두 개의 박물관을 가지고 있는 카렌을 생각하며 겨울 숲길을 걸어갔다.

정말 큰 나무가 있었다. 우람하고 높고 멋진 나무였다. 큰 나무 아래에는 카렌의 묘가 있었다. 강직하고 단단한 카렌의 성품을 말해 주듯 대리석으로 된 직사각형 묘에는 카렌 블릭센이라고 써 있었다. 봄이나 여름에는 푸른 이파리들로 숲을 채울 나무 아래 있었다. 빈 가지들 사이로 회색의 하늘이 보였다. 겨울비 속에 잠들어 있는 카렌의 묘지 앞에 한참을 서 있었다. 나뭇잎도 없고 새 소리도 안 들렸다. 나는 카렌의 무덤 앞에서 자연스럽게 말을 했다.

"카렌, 이번 겨울에는 당신을 찾아다니며 헤맸어요. 케냐 나이로비에 있는 당신의 집에 갔다가 다시 이곳으로 왔어요. 케냐 나이로비에 있는 당신의 집은 초여름이었어요. 그러나 이곳 덴마크는 겨울비가 그치지 않고 내리네요. 숲길 아래에 있는 당신의 집에도 두 개의 서재가 있더군요. 겨울과 여름, 어쩌면 당신은 두 개의 계절을 동시에 살았다고 느껴지네요. 케냐의 여름이 이곳의 겨울이고, 이곳의 겨울이 케냐의 여름이니까요.

그렇게 당신의 발자취를 따라오면서 당신의 치열한 글쓰기를 다시 보게 되었어요. 제가 가장 보고 싶어 했던 부분이 아닌가 싶어요. 많은 작가 중에 왜 하필 카렌 당신이었을까, 여행 중에 그런 생각이 자주 들었어요.

처음엔 당신의 작품이 좋아서, 『바베트의 만찬』과 『아웃 오브 아프리카』를 쓴 작가가 카렌 당신이라는 것을 알고 출발했지요. 하지만 시간이 지날수록 당신의 삶이 당신의 글쓰기가 하루 이틀에 완성 된 것이 아니라, 실패 속에서 피어나는 시간들이었다는 점이 인상 깊었어요. 실패는 세상적인 눈으로 봤을 때 말하는 것이겠지만, 당신은 소중한 사람과 소중한 것들을 다 잃고서도 이곳에서 조용히 글을 썼지요. 누가 뭐라 해도 성실하게 치열하게 글을 썼던 카렌 당신이 저에겐 매력적으로 다가왔어요. 아마 제 마음 속에 그런 당신의 정신을 닮고 싶다는 소망이 숨어 있어서 이렇게 당신 앞에 서 있겠지요. 당신의 삶과 문학을 찾아다니면서 어떻게 하면 나만의 글을 쓸 수 있을까 다시 고민하게 되었어요. 당신은 아프리카에서 이곳 덴마크 룽스테드로 돌아와서 3년 이상 칩거하며 글을 썼지요. 말이 쉽지 흉내 내기도 쉽지 않을 것 같아요. 하지만 당신의 발자취를 찾아다닌 시간이 결코 헛되지 않을 거라는 생각이 들어요.

당신은 세계적으로 유명한 작가이기 전에, 당신의 젊음을 17년간 아프리카에 바쳤으니까요. 그곳에서 열심히 살았지만 사랑하는 사람도 잃고 투자한 돈도 잃고 남아 있는 건 당신 혼자

였죠. 당신의 몸과 당신의 정신이 혼자가 된 당신을 붙잡아 줬지요. 그 정신과 몸이 준 에너지로 글을 쓴 당신을, 당신의 실패를 통해서 강해진 당신의 정신과 몸을 아무도 없는 당신의 무덤 앞에서 혼자 보게 된 것 같아요.

저는 왜 '실패'라는 단어가 자주 눈에 들어올까요. 당신에게서 당신의 '실패'가 없었다면 아마 당신을 찾아다니지 않았을 것 같아요. 카렌, 당신이 아프리카로 가서 농장을 시작할 때부터 농장에 많은 부채가 있었지요. 그리고 커피 값의 폭락과 계속되는 가뭄으로 부채가 늘어만 갈 때에도 농장을 판다는 생각을 해 본적이 없었지요. 당신은 아프리카를 진정으로 사랑했기에 그곳에서 평생을 살려고 했지요. 어떤 어려움이 와도 농장을 살리고 아프리카에서 살아간다는 신념이 강한 당신, 많은 사람들 눈에는 당신이 무모하게 보였지만 그것 까지도 받아들이며 무모한 실패를 껴안았지요.

실패일 줄 알면서도 마지막까지 최선을 다한 당신 삶의 모습에서 당신의 문학을 봤어요. 문학은 어쩌면 실패를 전제로 하는 건지도 모르잖아요. 안 그런 사람들도 있겠지만, 무모하다고 봐요. 때때로 미래가 없는 글을 쓰고 지우고 써가는 무모한 작업이 글쓰기라고 생각해요. 당신이 최선을 다 했지만 실패한 아프리카의 삶과 당신의 문학이 많이 닮아 있음을 당신의 무덤 앞에서 마주보게 되었어요.

　어쩌면 제 안에서 꿈틀거리는 글쓰기에 대한 희망보다는 실패할지도 모른다는 두려움이 당신의 무덤 앞까지 오게 한 것 같아요. 카렌 당신이 누워 있는 겨울 빈숲에 떨어지는 빗방울 소리가 점점 더 크게 들려요. 겨울과 여름을 동시에 살았던 당신의 열정과 에너지가 제가 밟고 서 있는 땅 밑으로 흐르고 있다는 생각이 들어요. 허공으로 뻗어 있는 겨울나무와 그 밑에서 겨울비를 맞고 있는 푸른 잔디 또한 당신의 가슴속에서 살았던 두 계절과 비슷한 것 같아요."

빈 나무들이 구불거린다

뿌리 옆에는 작은 풀잎이 파랗다

고요한 마을 가운데로

강물이 흐른다

나는 빨간 자전거를 타고 강을 따라간다

바퀴가 보이지 않는다

흰색과 갈색 오리들이 물 위에서 쳐다본다

오후 4시, 빗방울 소리가 커진다

우리는 함께 간다

지금도


알 수 없는 곳으로 가고 있다

## 카렌의 발자국을
## 찾아다니던 시간

케냐에 도착하자 여름이었다. 비가 오고 있었다. 케냐에서는 17년 동안 살았던 카렌 블릭센의 발자국들을 찾아다녔다. 나이로비에 있는 보스코 하우스에서 그 여정을 시작했다. 보스코 하우스 마당에는 열무가 자라고 있었고 대파도 푸르렀다. 웃자란 상추 옆에서 시금치가 싹을 트고 있었다. 비가 자주 내렸고 아침저녁으로는 쌀쌀했지만 보스코의 식탁은 따뜻했다.

데니스 묘지를 찾아가는 날도 전날 밤부터 아침까지 비가 쏟아졌다. 은공언덕으로 올라가는 길은 생각보다 멀었고 가팔랐다. 흙길에는 웅덩이들이 많았다. 그 당시에는 지금보다 길이 훨씬 안 좋았을 텐데, 데니스 장례식 날도 비가 많이 와서 앞이 안 보일 정도라고 했던 카렌의 말이 떠올랐다. 데니스와 카렌은 사랑하는 사이었지만 결혼식은 하지 않았다. 그러나 카렌은 데니스가 죽으면 은공언덕에 묻히고 싶다고 했던 말이 생각나 은공언덕에 데니스 묘를 만들었다. 여기저기 눈치 안 보고 오로지 데니스의 생각을 존중하는 마음과 카렌 자신의 직관을 믿고 행동하는 모습에서 책임감이 강한 여장부 같다고 생각되었다. 잠시 비가 그치고 내리쬐는 여름 햇볕에 짙푸른 나무들과 꽃들이 만발해 있는 묘지 안으로 들어갔다. 길고 뾰족한 이등변 삼각형 모양을 한 데니스의 묘비가 고독하게 서 있었다. 은공언덕을 혼자서 오랫동안 지키고 있는 고립과 고독이 짙게 베어났다. 은공언덕 아래에 있는 카렌 블릭센 뮤지엄은 1년 내내 사람들이 찾아온다. 하지만 데니스묘를 찾는 사람은 거의 없는 것 같았다. 무덤의 문은 열쇠로 잠겨 있었다. 무덤에 크게 써 있는 전화번호로 전화를 했을 때 관리인이 나와서 무덤 문을 열어 주었다.

그렇게 아프리카에서 여름을 보내고 덴마크로 갔다. 이른 아침에

코펜하겐에 도착했다. 겨울비가 내리고 있었다. 카렌이 태어나고 죽을 때까지 살았던 룽스테드도 날마다 비가 왔고 추웠다. 17년 간 아프리카에서의 삶을 정리하고 카렌이 생을 마칠 때까지 살았던 룽스테드의 집은 바다가 훤히 보이는 언덕 위에 있었다. 룽스테드는 한적한 도시였다. 비바람이 세차게 불었고 겨울나무들이 흔들리고 있었다. 카렌의 마당은 아주 넓고 푸르렀다. 겨울인데도 마당의 잔디들은 여름처럼 싱싱했다. 케냐는 여름이고 덴마크는 겨울인 것처럼, 카렌의 집 마당의 잔디들은 여름이고 그 잔디 위에 서 있는 까만 나무들은 겨울이었다. 뜨거운 여름과 추운 겨울을 동시에 한꺼번에 살아낸 카렌처럼 푸른 잔디와 빈 나무들이 카렌의 시간을 보여주고 있었다.

카렌에게 아프리카의 삶은 실패의 연속이었다. 남편과도 이혼하고, 커피 농장도 결국엔 나이로비 큰 회사로 넘어가고 만다. 그

외중에 서로 사랑했던 데니스도 갑자기 세상을 떠났고, 카렌은 그의 장례를 치르고 농장을 정리한다. 그러나 카렌은 시름에 빠지기 보다는 대부분 더 나은 상황으로 바꿔 보려고 노력했다. 혼자만 살아남으려고 하지 않았다. 농장의 소작농들과 함께 살아보려고 최선을 다했다. 농장에 빚이 많다고 옹색하게 굴지 않고 늘 베풀려고 하는 모습에서 카렌의 선한 모습이 진심으로 다가왔다. 어떤 어려운 일도 다른 사람에게 책임을 떠넘기는 것이 아니라 스스로 맞서는 모습들을 카렌의 발자취를 찾아다니면서 만나게 되었다.

카렌의 묘는 카렌이 살았던 집 뒤의 나무숲에 있었다. 숲속으로 걸어가자 커다란 나무가 서 있었다. 카메라 앵글에 다 들어오지 않는 큰 나무였다 그 아래에 카렌이 잠들어 있었다. 빗방울이 떨어지는 날이었다. 흐리고 추웠다. 나는 카렌의 묘 앞에서 그냥 서 있었다. 왠지 아무 말도 나오지 않았다. 케냐 나이로비 은공언덕에 있는 데니스 묘에 갔을 때와는 또 다른 기분이었다. 카렌의 발자취를 찾아 먼 곳에서부터 헤매고 다니던 나를 이해해 줄 것만 같았다.

"매일 아침 비가와도 사막의 모래밭을 걸어도 바닷가의 파도가 밀려와도 글은 혼자 쓰는 겁니다. 은공언덕으로 올라가는 흙길에 웅덩이가 많아서 더디게 데니스 묘지에 올라가는 것처럼 글은 혼자 헤매기도 하지요. 그 시간을 세상은 눈여겨보지 않아요. 그렇다고 나는 세상을 피하지 않았어요. 늘 정면으로 대면했어요. 여기저기 세상 눈치 보는 것과, 마주보는 것의 차이는 큰 것 같아요. 내가 당당하고 강해서가 아니라 나라는 존재는 세상에서 단 하나이기 때문입니다. 나의 존재는 내 스스로 지켜주지 않으면

모래알들처럼 금방 허물어져요. 나도 당신을 만나서 반가워요. 혼자 가는 길은 더디지만 세상 눈치 보지 말고 쓰고 싶은 것 자유롭게 쓰세요."

나는 큰 나무 아래서 카렌의 목소리를 들으며 내 안으로 떨어지는 빗방울 소리를 들었다. 목젖을 지나 횡격막 아래로 흘러가고 있었다. 모래알과 흰 파도가 일어나는 바다가 보였다. 아침은 안개에 갇혀 있었다. 그 사이로 가느다란 길이 있었다.

## 참고서적

\* 『아웃 오브 아프리카』, 카렌 블릭센 , 민승남 옮김, 열린책들, 2008.

\*\* 『바베트의 만찬』, 이자크 디네센(카렌 블릭센), 추미옥 옮김, 문학동네,
   2004.